KB268805

HSK 길잡이 단어 5000

姜 燕·최옥화 저

1945
문예림

저자 **姜 燕**

- 長春理工大学 중어중문학과 학사 졸업
- 중앙대학교 무역대학원 통상학과 석사 졸업
- 현 성균관대학교 중어중문학과 어학박사 수료
- 現 광운대학교 회화 및 HSK 담당

저자 **최 옥 화**

- 한양대학교 중어중문학과 학사 졸업
- 성균관대학교 교육대학원 중국어교육학과 석사 졸업
- 前 글로발어학원 중국어 강사
- 現 경민비즈니스고등학교 재직

HSK 길잡이
단어 5000

초판 인쇄 : 2012년 12월 10일
초판 발행 : 2012년 12월 20일

저 자 : 姜 燕 · 최옥화
발행인 : 서 덕 일
발행처 : 도서출판 문예림
등 록 : 1962. 7. 12 제2-110호
주 소 : 서울특별시 광진구 군자동 1-13 문예하우스 101호
전 화 : (02)499-1281~2
팩 스 : (02)499-1283
http://www.bookmoon.co.kr
E-mail : book1281@hanmail.net

ISBN 978-89-7482-706-9(13720)

＊잘못된 책이나 파본은 교환해 드립니다.

머리말

　시중에 신 HSK 단어 관련 서적들이 매우 많다. 하지만 이러한 책들은 대부분이 대동소의 하고, 다음자에 대한 분석 또한 전면적이지 못하고 더 자세한 설명이 필요할 뿐더러 단어 조합에 있어 더 구체적인 진술이 필요하다. 최근에는 HSK 5000개 단어 이외의 신조어가 대거 출현했다. 이를테면 "自然醒", "蚁族 개미족. 도시의 미개발 지역에 거주하는 대학졸업생으로 직장을 구하지 못한 농민공의 자식들", "洒幸福 푸대접하다. 소홀히 대하다. 거들떠보지 않다" 등이 있는데 이러한 단어는 HSK 문제풀이 가운데 자주 출현하지만 기존의 HSK 단어 관련 서적에서는 구체적으로 드러나지 않았다. 관용어에 대한 소개 또한 불가피한 시점에 와있다.

　위의 문제에 근거해 볼 때 이 책의 특징은 다음과 같다.

　1. 등급에 따라 1~6급 단어를 정리했다.
　2. 다음자를 포함한 모든 단어를 상세하게 설명했다.
　3. 단어를 해석하는 동시에 단어 조합 문제에 중점을 두었다.
　4. 단어를 해석하는 동시에 동의어에 대해서도 비교 분석했다.
　5. HSK 범위 내의 5000개의 한자 이 외에 출현한 신조어뿐만 아니라 자주 사용되는 관용어 또한 자세하게 소개되었다.
　6. 한국 학생에게 자주 발생하는 오류에 대해서도 지적했다.

2012년 12월

저자

Contents

HSK

一级
二级
三级
四级
五级
六级

爱 ài 통 사랑하다

八 bā 수 팔, 여덟

爸爸 bàba 명 아버지

北京 běijīng 명 베이징

杯子 bēizi 명 잔, 컵

本 běn (~儿) 명 책, 공책

不 bù 부 (동사, 형용사 또는 기타 부사 앞에서) 부정을 나타냄

不客气 búkèqi 통 사양하지 않다, 천만에요

菜 cài 명 야채

茶 chá 명 차

吃 chī 통 먹다

出租车 chūzūchē 명 택시

大 dà 형 크다

打电话 dǎdiànhuà 통 전화를 걸다

点 diǎn 양 (~儿) 약간, 조금

电脑 diànnǎo 명 컴퓨터(computer)

电视 diànshì 명 텔레비전

东西 dōngxi 명 물건

都 dōu 부 모두

读 dú 통 읽다

对不起 duìbuqǐ 통 미안하다

多 duō 형 (수량이) 많다

多少 duōshao 대 얼마, 몇

二 èr 수 2, 둘

儿子 érzi 명 아들

饭馆 fànguǎn 명 식당

飞机 fēijī 명 비행기

分钟 fēnzhōng 명 분

高兴 gāoxìng 형 기쁘다

个 gè 양 개

工作 gōngzuò 명 직업 통 일을 한다

狗 gǒu 명 개

汉语 hànyǔ 명 중국어

好 hǎo 형 좋다

喝 hē 통 마시다

和 hé 과

很 hěn 부 매우

后面 hòumiàn 명 뒤

回 huí 통 되돌아가다

会 huì 통 ~를 할 수 있다, ~할 줄 알다

火车站 huǒchēzhàn 명 기차역

几 jǐ 수 몇

家 jiā 명 집

叫 jiào 통 외치다, 고함치다, 소리지르다, 소리치다, 부르짖다

今天 jīntiān 몡 오늘

九 jiǔ 쉬 9, 아홉

开 kāi 동 열다, 켜다

看 kàn 동 보다

看见 kànjiàn 동 보다, 보이다

来 lái 동 오다

老师 lǎoshī 몡 선생님

了 le 조 뒤에 쓰여 동작 또는 변화가 이
　　미 완료되었음을 나타냄

冷 lěng 혱 춥다, 차다, 시리다

里 lǐ 몡 안

零 líng 쉬 영, 제로(zero)

六 liù 쉬 6, 육, 여섯

吗 ma 조 문장 끝에 쓰여 의문의 어기를
　　나타냄

买 mǎi 동 사다

妈妈 māma 몡 어머니

猫 māo 몡 고양이

没 méi 동 없다, 가지고 있지 않다

没关系 méiguānxi 동 괜찮다

米饭 mǐfàn 몡 밥

明天 míngtiān 몡 내일

名字 míngzi 몡 성명

哪 nǎ 대 어느

呢 ne 조사 서술문 뒤에 쓰여 동작이나 상
　　황이 지속됨을 나타냄

能 néng 동 ~할 수 있다

你 nǐ 대 너, 자네, 당신

年 nián 양 년, 해

女儿 nǚér 몡 딸

朋友 péngyou 몡 친구

漂亮 piàoliang 혱 예쁘다

苹果 píngguǒ 몡 사과

七 qī 쉬 7, 일곱

钱 qián 몡 화폐, 돈

前面 qiánmian 몡 앞

请 qǐng 동 청하다, 부탁하다

去 qù 동 가다

热 rè 혱 덥다, 뜨겁다

人 rén 몡 사람, 인간

认识 rènshi 동 알다, 인식하다

日 rì 몡 태양, 해, 일, 날

三 sān 쉬 삼, 셋, 3

上 shàng 몡 위

商店 shāngdiàn 몡 상점, 판매점

上午 shàngwǔ 몡 오전

少 shǎo 혱 적다

谁 shuí 대 누구

什么 shénme 몡 무엇

十 shí 쉬 열, 십, 10

是 shì 동 이다

时候 shíhou 몡 때

书 shū 몡 책

水 shuǐ 몡 물

水果 shuǐguǒ 몡 과일

睡觉 shuìjiào 동 (잠을)자다

说话 shuōhuà 동 말하다

四 sì 수 4, 사, 넷

岁 suì 몡 살, 세

他 tā 대 그, 그 사람

她 tā 대 그녀, 그 여자

太 tài 형 너무

天气 tiānqì 몡 날씨, 일기

听 tīng 동 듣다

同学 tóngxué 몡 동창

喂 wèi 감 여보세요

我 wǒ 대 나, 저

我们 wǒmen 대 우리(들)

五 wǔ 수 5, 다섯, 다섯째

下 xià 몡 밑, 아래

想 xiǎng 동 생각하다

先生 xiāngsheng 몡 선생님

现在 xiànzài 몡 지금

小 xiǎo 형 적다

小姐 xiǎojiě 몡 아가씨

下午 xiàwǔ 몡 오후

下雨 xiàyǔ 동 비가 오다

些 xiē 양 조금, 약간

写 xiě 동 쓰다

谢谢 xièxie 동 감사하다

喜欢 xǐhuan 동 좋아하다

星期 xīngqī 몡 요일

学生 xuésheng 몡 학생

学习 xuéxí 동 학습하다, 공부하다,
　　　　배우다

学校 xuéxiào 몡 학교

一 yī 수 하나, 일

衣服 yīfu 몡 옷, 의복

医生 yīshēng 몡 의사

医院 yīyuàn 몡 병원

椅子 yǐzi 몡 의자

有 yǒu 동 있다

月 yuè 몡 달

在 zài 동 ~에 있다

再见 zàijiàn 동 안녕히 계십시오

怎么 zěnme 몡 어떻게

怎么样 zěnmeyàng 몡 어떻게

这 zhè 몡 이것

中国 zhōngguó 몡 중국

中午 zhōngwǔ 몡 점심

住 zhù 동 거주하다

桌子 zhuōzi 몡 탁자, 테이블

字 zì 몡 문자, 글자

坐 zuò 동 앉다

做 zuò 동 하다

昨天 zuótiān 몡 어제

吧 ba 조 문장 맨 끝에 쓰여 상의, 제의, 청유, 기대, 명령 등의 어기를 나타냄

白 bái 형 하얗다, 희다

百 bǎi 수 백, 100

帮助 bāngzhù 동 돕다

报纸 bàozhǐ 명 신문

比 bǐ 동 비교하다 개 보다

别 bié 다른

长 cháng 형 길다

唱歌 chànggē 동 노래 부르다

出 chū 동 나가다, 나오다

穿 chuān 동 입다, 신다

船 chuán 명 배, 선박

次 cì 두 번째의

从 cóng 동 따르다, 좇다

错 cuò 동 틀리다, 맞지 않다

大家 dàjiā 명 모두, 다들

打篮球 dǎlánqiú 동 농구를 하다

但是 dànshì 접 그러나, 그렇지만

到 dào 동 도달하다, 도착하다

得 de 조 뒤에 쓰여 가능을 나타냄

等 děng 동 기다리다

弟弟 dìdi 명 남동생

第一 dìyī 수 제1 형 가장 중요하다

懂 dǒng 동 알다, 이해하다

对 duì 형 맞다, 옳다

房间 fángjiān 명 방

非常 fēicháng 부 대단히, 매우

服务员 fúwùyuán 명 종업원

高 gāo 형 높다

告诉 gàosu 동 말하다, 알리다

哥哥 gēge 명 형, 오빠

给 gěi 동 주다

公共汽车 gōnggòngqìchē 명 버스

公斤 gōngjīn 양 킬로그램(kg)

公司 gōngsī 명 회사, 직장

贵 guì 형 비싸다

过 guò 조 뒤에 쓰여 동작의 완료를 나타냄

还 hái 부 여전히, 아직도, 아직

孩子 háizi 명 애, 어린이

号 hào 명 (～儿) 번호

好吃 hǎochī 형 맛있다, 맛나다

黑 hēi 형 검다, 까맣다

红 hóng 형 붉다, 빨갛다

欢迎 huānyíng 동 환영하다

回答 huídá 동 대답하다, 회답하다	妹妹 mèimei 명 여동생
件 jiàn 양 건, 개	门 mén 명 문, 문짝
教室 jiàoshì 명 교실	男人 nánrén 명 남자, 남성
机场 jīchǎng 명 공항, 비행장	您 nín 대 당신
鸡蛋 jīdàn 명 계란, 달걀	牛奶 niúnǎi 명 우유
姐姐 jiějie 명 누나, 언니	女人 nǚrén 명 여자, 여인, 여성
介绍 jièshào 동 소개하다	旁边 pángbiān 명 옆, 곁
进 jìn 동 (밖에서 안으로) 들다	跑步 pǎobù 동 달리다
近 jìn 형 가깝다	便宜 piányi 형 (값이) 싸다
就 jiù 부 곧, 즉시	票 piào 명 표, 티켓
咖啡 kāfēi 명 커피	千 qiān 수 1,000, 천
开始 kāishǐ 동 시작되다	起床 qǐchuáng 동 일어나다
考试 kǎoshì 동 시험을 치다	晴 qíng 형 하늘이 맑다
课 kè 명 수업	妻子 qīzi 명 아내
可能 kěnéng 부 아마도, 아마	去年 qùnián 명 작년
可以 kěyǐ 동 ~할 수 있다	让 ràng 동 ~하도록 시키다
快 kuài 형 빠르다	上班 shàngbān 동 출근하다
快乐 kuàilè 형 즐겁다	生病 shēngbìng 동 병이 나다
累 lèi 형 피곤하다	生日 shēngri 명 생일
离 lí 개 ~로부터	身体 shēntǐ 명 몸, 신체
两 liǎng 수 둘	时间 shíjiān 명 시간
路 lù 명 길, 도로	事情 shìqing 명 일, 사건
旅游 lǚyóu 동 여행하다	手表 shǒubiǎo 명 손목시계
卖 mài 동 팔다	手机 shǒujī 명 휴대폰
慢 màn 형 느리다	送 sòng 동 배웅하다, 보내다
忙 máng 형 바쁘다	所以 suǒyǐ 접 그래서
每 měi 명 매 부 늘	它 tā 대 그 [사람 이외의 것을 가리킴]

题 tí 명 문제

跳舞 tiàowǔ 동 춤을 추다

踢足球 tīzúqiú 동 축구를 하다

外 wài 명 겉, 밖, 바깥

完 wán 동 마치다, 끝나다, 완결되다

玩 wán 동 놀다, 장난하다

晚上 wǎnshang 명 저녁, 밤

为什么 wèishénme 명 왜

问 wèn 동 묻다, 질문하다

问题 wèntí 명 문제

洗 xǐ 동 씻다, 빨다

向 xiàng 개 ~(으)로

笑 xiào 동 웃다

小时 xiǎoshí 명 시간

西瓜 xīguā 명 수박

新 xīn 형 새롭다

姓 xìng 명 성, 성씨

休息 xiūxi 동 휴식하다, 쉬다

希望 xīwàng 명 희망

雪 xuě 명 눈

羊肉 yángròu 명 양고기

眼睛 yǎnjing 명 눈

颜色 yánsè 명 색, 색깔

药 yào 명 약, 약물

要 yào 동 원하다, 필요하다

也 yě 부 도

已经 yǐyīng 부 이미, 벌써

阴 yīn 형 흐리다

因为 yīnwèi 접 왜냐하면

一起 yìqǐ 부 같이, 더불어, 함께

意思 yìsi 명 의미, 뜻

右边 yòubian 명 오른쪽

游泳 yóuyǒng 동 수영하다

鱼 yú 명 물고기

远 yuǎn 형 멀다

运动 yùndòng 명 운동

再 zài 부 또

早上 zǎoshang 명 아침

丈夫 zhàngfu 명 남편

找 zhǎo 동 찾다, 구하다

着 zhe 조 ~하고 있다

真 zhēn 부 확실히

知道 zhīdào 동 알다, 이해하다

准备 zhǔnbèi 동 준비하다

自行车 zìxíngchē 명 자전거

走 zǒu 동 걷다

最 zuì 부 가장, 제일, 아주, 매우

左边 zuǒbian 명 왼쪽

啊 a <code>조</code> 문장 끝에 쓰여 긍정을 나타냄

矮 ǎi <code>형</code> 작다, 낮다

爱好 ài'hào <code>동</code> 애호하다
　　　　　 ~하기를 즐기다

安静 ān'jìng <code>형</code> 조용하다

阿姨 ā'yí <code>명</code> 아주머니, 아줌마

把 bǎ <code>개</code> ~으로, ~을[를] 가지고

班 bān <code>명</code> 반

搬 bān <code>동</code> 옮기다

半 bàn <code>수</code> 반

办法 bànfǎ <code>명</code> 방법

帮忙 bāngmáng <code>동</code> 돕다

办公室 bàngōngshì <code>명</code> 사무실

包 bāo <code>명</code> 가방

饱 bǎo <code>형</code> 배 부르다

被 bèi <code>동</code> ~에게 ~를 당하다

北方 běifāng <code>명</code> 북쪽

变化 biànhuà <code>동</code> 변화하다

表示 biǎishì <code>동</code> 의미하다

表演 biǎoyǎn <code>동</code> 공연하다

别人 biéren <code>명</code> 남, 타인

比较 bǐjiào <code>동</code> 비교하다

宾馆 bīnguǎn <code>명</code> 호텔

冰箱 bīngxiāng <code>명</code> 냉장고

比赛 bǐsài <code>명</code> 경기, 시합

必须 bìxū <code>부</code> 반드시, 꼭

鼻子 bízi <code>명</code> 코

才 cái <code>부</code> 겨우, 고작

菜单 càidān <code>명</code> 메뉴

参加 cānjiā <code>동</code> 참가하다

草 cǎo <code>명</code> 풀

层 céng <code>양</code> 층

差 chà <code>형</code> 나쁘다, 표준에 못 미치다

超市 chāoshì <code>명</code> 슈퍼마켓

成绩 chéngjì <code>명</code> 성적

城市 chéngshì <code>명</code> 도시

衬衫 chènshān <code>명</code> 와이셔츠, 셔츠,

迟到 chídào <code>동</code> 지각하다

厨房 chúfáng <code>명</code> 주방, 부엌

除了 chúle <code>개</code> ~을[를] 제외하고(는)

春 chūn <code>명</code> 봄

出现 chūxiàn <code>동</code> 나타나다

词语 cíyǔ <code>명</code> 단어

聪明 cōngming <code>형</code> 똑똑하다

带 dài <code>동</code> 지니다, 휴대하다, 가지다

蛋糕 dàngāo <code>명</code> 케이크

当然 dāngrán 부 당연히

担心 dānxīn 동 걱정하다

打扫 dǎsǎo 동 청소하다

打算 dǎsuan 동 ~계획하다

灯 dēng 명 등

低 dī 형 낮다

电梯 diàntī 명 엘리베이터

电子邮件 diànzǐyóujiàn 명 이메일

地方 dìfang 명 장소

地铁 dìtiě 명 지하철

地图 dìtú 명 지도

东 dōng 명 동쪽

冬 dōng 명 겨울

动物 dòngwù 명 동물

短 duǎn 형 짧다

段 duàn 양 단락, 토막

锻炼 duànliàn 동 단련하다

多么 duōme 부 얼마나

饿 è 형 배고프다

耳朵 ěrduō 명 귀

而且 érqiě 접 게다가

放 fàng 동 놓다

方便 fāngbiàn 형 편리하다

放心 fàngxīn 동 마음을 놓다

发烧 fāshāo 동 열이 나다

发现 fāxiàn 동 발견하다

分 fēn 동 나누다

附近 fùjìn 명 부근, 근처

复习 fùxí 동 복습하다

敢 gǎn 동 과감하게 ~하다

刚才 gāngcái 명 지금 막, 방금

干净 gānjìng 형 깨끗하다

感冒 gǎnmào 명 감기

跟 gēn 개 …와[과]

更 gèng 부 더욱, 더, 훨씬

根据 gēnjù 개 ~에 의거하여

公园 gōngyuán 명 공원

刮风 guāfēng 동 바람이 불다

关 guān 동 닫다, 덮다

关系 guānxi 명 관계

关心 guānxīn 동 관심을 갖다

关于 guānyú 개 ~에 관해서

国家 guójiā 명 국가, 나라

过去 guòqù 동 지나가다

果汁 guǒzhī 명 과일 주스

故事 gùshi 명 이야기

害怕 hàipà 동 두려워하다, 무서워하다

还是 háishi 부 여전히

河 hé 명 강

黑板 hēibǎn 명 칠판

花 huā 명 꽃

画 huà 동 그리다

坏 huài 형 나쁘다

还 hái 부 여전히

换 huàn 동 교환하다	经常 jīngcháng 부 자주
黄 huáng 형 노랗다	经过 jīngguò 동 경유하다, 통과하다
环境 huánjìng 명 환경	经理 jīnglǐ 명 사장
花园 huāyuán 명 화원	久 jiǔ 형 오래다
会议 huìyì 명 회의	旧 jiù 형 낡다
或者 huòzhě 접 ~이던가 아니면 ~이다	决定 juédìng 동 결정하다
护照 hùzhào 명 여권	举行 jǔxíng 동 거행하다
检查 jiǎnchá 동 검사하다	句子 jùzi 명 문장
简单 jiǎndān 형 간단하다	渴 kě 형 목 마르다
讲 jiǎng 동 이야기하다	刻 kè 동 조각하다
健康 jiànkāng 형 건강하다	可爱 kě'ài 형 귀엽다
见面 jiànmiàn 동 만나다	客人 kèrén 명 손님
教 jiāo 동 가르치다	空调 kōngtiáo 명 에어컨
脚 jiǎo 명 발	口 kǒu 명 입
记得 jìde 동 기억하다	哭 kū 동 울다
接 jiē 동 데리다	筷子 kuàizi 명 젓가락
借 jiè 동 빌리다	裤子 kùzi 명 바지
街道 jiēdào 명 거리	蓝 lán 형 남색의, 남빛의
结婚 jiéhūn 동 결혼하다	老 lǎo 형 늙다
解决 jiějué 동 해결하다	脸 liǎn 명 얼굴
节目 jiémù 명 프로그램	辆 liàng 양 대, 량
节日 jiérì 명 명절	练习 liànxí 동 연습하다
结束 jiéshù 동 끝나다	了解 liǎojiě 동 이해하다
几乎 jīhū 부 거의	离开 líkāi 동 떠나다
机会 jīhuì 명 기회	邻居 línjū 명 이웃집
季节 jìjié 명 계절	历史 lìshǐ 명 역사
	礼物 lǐwù 명 선물

楼 lóu 양 층	奇怪 qíguài 형 이상하다
绿 lǜ 형 푸르다	清楚 qīngchǔ 형 분명하다
马 mǎ 명 말	其实 qíshí 부 사실
满意 mǎnyì 형 만족하다	其他 qítā 명 기타
帽子 màozi 명 모자	秋 qiū 명 가을
马上 mǎshàng 부 곧, 즉시	裙子 qúnzi 명 치마
米 mǐ 명 쌀 양 미터	然后 ránhòu 접 그 다음에
面包 miànbāo 명 빵	认为 rènwéi 동 생각하다
面条 miàntiáo 명 국수	认真 rènzhēn 형 진지하다
明白 míngbai 동 이해하다	热情 rèqíng 형 열정적이다
拿 ná 동 가지다	容易 róngyì 형 쉽다
奶奶 nǎinai 명 할머니	如果 rúguǒ 접 만약
南 nán 명 남쪽	伞 sǎn 명 우산
难 nán 형 어렵다	上网 shàngwǎng 동 인터넷을 하다
难过 nánguò 형 고통스럽다	生气 shēngqì 동 화내다
年级 niánjí 명 학년	声音 shēngyīn 명 소리
年轻 niánqīng 형 젊다	使 shǐ 동 (~에게) ~시키다
鸟 niǎo 명 새	世界 shìjiè 명 세계
努力 nǔlì 동 노력하다	瘦 shòu 형 마르다
胖 pàng 형 뚱뚱하다	树 shù 명 나무
盘子 pánzi 명 쟁반	双 shuāng 양 짝, 켤레, 쌍
爬山 páshān 동 등산하다	刷牙 shuāyá 동 이를 닦다
啤酒 píjiǔ 명 맥주	舒服 shūfu 형 편안하다
葡萄 pútao 명 포도	水平 shuǐpíng 명 수평
普通话 pǔtōnghuà 명 현대 중국 표준어	叔叔 shūshu 명 삼촌
骑 qí 동 타다	数学 shùxué 명 수학
铅笔 qiānbǐ 명 연필	司机 sījī 명 운전사

虽然 suīrán 접 비록 ~하지만

太阳 tàiyáng 명 태양, 해

糖 táng 명 사탕

特别 tèbié 부 특별히

疼 téng 형 아프다

甜 tián 형 달다

条 tiáo 양 가늘고 긴 것

提高 tígāo 동 제고하다

体育 tǐyù 명 스포츠

同事 tóngshì 명 동료

同意 tóngyì 동 동의하다

头发 tóufa 명 머리카락

腿 tuǐ 명 다리

突然 tūrán 부 갑자기

图书馆 túshūguǎn 명 도서관

万 wàn 수 만, 10000

碗 wǎn 명 그릇

完成 wánchéng 동 완성하다

忘记 wàngjì 동 잊어버리다

为 wèi 개 ~을 위하여

位 wèi 양 분, 명

为了 wèile 개 ~을[를] 하기 위하여

文化 wénhuàn 명 문화

西 xī 명 서쪽

夏 xià 명 여름

先 xiān 명 앞, 전 부 먼저

像 xiàng 동 같다, 닮다

香蕉 xiāngjiāo 명 바나나

相同 xiāngtóng 형 서로 같다, 똑 같다

相信 xiāngxìn 동 믿다

小心 xiǎoxīn 동 조심하다

校长 xiàozhǎng 명 학교장

鞋 xié 명 신발

习惯 xíguàn 명 습관

信 xìn 명 편지 동 믿다

行李箱 xínglǐxiāng 명 여행용 가방

兴趣 xìngqù 명 흥미, 취미

新闻 xīnwén 명 뉴스

新鲜 xīnxiān 형 신선하다

熊猫 xióngmāo 명 팬더

洗手间 xǐshǒujiān 명 화장실

洗澡 xǐzǎo 동 목욕하다

选择 xuǎnzé 동 고르다

需要 xūyào 동 필요하다

眼镜 yǎnjìng 명 안경

要求 yāoqiú 동 요구하다

爷爷 yéye 명 할아버지

一般 yìbān 형 일반적이다

一边 yìbiān ~하면서 ~하다

一定 yídìng 부 반드시

一共 yígòng 부 모두

以后 yǐhòu 명 이후

一会儿 yíhuìr 명 짧은 시간, 잠깐 동안

应该 yīnggāi 동 반드시

影响 yǐngxiǎng 동 영향을 주다

银行 yínháng 명 은행

音乐 yīnyuè 명 음악

以前 yǐqián 명 과거, 이전

以为 yǐwéi 동 여기다, 생각하다

一样 yíyàng 형 같다

一直 yìzhí 부 계속, 줄곧

用 yòng 동 쓰다, 사용하다

又 yòu 부 또, 다시

有名 yǒumíng 형 유명하다

游戏 yóuxì 명 게임

愿意 yuànyì 동 원하다

遇到 yùdào 동 만나다

越 yuè 동 넘다, 뛰어넘다

月亮 yuèliang 명 달

云 yún 명 구름

站 zhàn 동 서다

长 cháng 형 길다

照顾 zhàogù 동 보살피다, 돌보다

着急 zháojí 동 조급해하다

照片 zhàopiàn 명 사진

照相机 zhàoxiàngjī 명 카메라

只 zhī 양 마리

种 zhǒng 양 종

中间 zhōngjiān 명 중간

重要 zhòngyào 형 중요하다

终于 zhōngyú 부 마침내

周末 zhōumò 명 주말

祝 zhù 동 축하하다

主要 zhǔyào 부 주로

注意 zhùyì 동 주의하다

字典 zìdiǎn 명 사전

自己 zìjǐ 명 스스로

总是 zǒngshì 부 늘

最近 zuìjìn 명 최근

作业 zuòyè 명 숙제

作用 zuòyòng 명 작용, 효과

④ HSK 四级

暗　àn

(1) 〔형〕 어둡다. 반대말은 "明"이고 흔히 "下来" "下去"와 함께 사용된다.

　　즉 "暗下来 (어두워졌다)" "暗下去(어두워져 갔다)"

　〔예〕 天色渐渐暗了下来。 날씨가 점점 어두워졌다.

(2) 〔형〕 색깔이 짙다. 반대말은 "亮"이다.

　〔예〕 这件衣服颜色有点儿暗。 이 옷은 색깔이 조금 짙다

(3) 〔형〕 몸이 불편하다. 안색이나 컨디션이 좋지 않거나 피부색이 조금 어둡다.

　〔예〕 今天你的脸色有点儿暗。 오늘 너는 얼굴색이 조금 어둡다.

(4) 〔부〕 몰래 암암리에. 드러나지 않는다. 흔히 동사의 중첩형으로 출현한다.

　〔예〕 我暗暗下定决心。 나는 암암리에 결심을 했다.

　　　 我暗暗地喜欢他。 나는 몰래 그를 좋아했다.

(5) 〔형〕 전망이 밝지 않다. 흔히 "暗淡或黯淡(암담하다)"의 형태로 출현한다.

　〔예〕 我的前途很暗淡。 나의 전망은 매우 암담하다.

抱　bào

(1) 〔동〕 안다.

　〔예〕 母亲抱着孩子。 어머니는 아이를 안고 있다.

(2) 〔동〕 자식이나 손주를 처음 얻다 (보다).

　〔예〕 听说你抱孙子了。 듣는 말에 의하면 당신이 손자를 봤다고 한다.

(3) 〔동〕 어떤(생각이나 의견)을 품고 있다. 흔히 "抱着"나 "抱有"의 형식을 출현한다.

　〔예〕 ① 抱着 / 有希望 : 희망을 품고 있다.

② 抱着 / 有成见 선입견을 갖고 있다

③ 抱着 / 有看法 (부정적인)견해를 갖고 있다

④ 抱着 / 有理想 이상을 품고 있다

(4) 동 역량이 한대 뭉쳐 있다.

예 抱成一团 : 하나로 뭉쳐 있다. 친밀하게 하나로 뭉치는 것을 부정적인 의미로 이르는 말.

(5) 관용어

抱不平 : 불평하다, 다른 사람이 부당한 대우를 받은 것을 봤을 때 강렬한 분노를 느낀다.

抱佛脚 : 부처님의 발을 잡다, 속담 평소엔 향도 올리지 않다가 일이 생겼을 때 부처님 다리를 껴안다. 평소에는 준비하지 않다가 일이 닥쳐서야 부랴부랴 대처하는 것을 비유한다.

抱歉 bàoqiàn

동 미안해하다. 미안하게 생각하다.

※ 抱歉과 道歉의 구분

抱歉 : 형 죄송스럽게 생각하다. 미안하게 생각하다.

(1) 형용사이므로 정도부사(很、非常 등)의 수식을 받는다.

예 让您久等了, 真的很抱歉。

오래 기다리셨습니다. 정말 죄송합니다.

道歉 : [이합동사] 사죄의 뜻을 표하다. 잘 못함을 표하다.

(2) 이합동사로 '동사(道 : 말하다) + 목적어(歉 : 미안함)' 구조이다. 따라서 목적어가 올 수 없다. 정도부사의 수식 또한 받을 수 없다.

흔히 "전치사 + 목적어"의 형태로 동사 앞에 출현하다.

예 虽然我迟到了, 但已经向他道过歉了。

내가 지각하기는 했지만 이미 그에게 사과했다.

保证 　　bǎozhèng

※ 保证과 保障의 구분

保证 : (1) 동 보증하다. 담보하다.

　　　① 뒤에 형용사나 동사 같은 서술어 목적어를 가지며. 반드시 뒤의 서술어
　　　　가 발생함을 나타낸다.

　　　　　예 我保证按时完成这项工程。

　　　　　　나는 이 프로젝트를 반드시 제시간에 완성할 것을 맹세한다.

　　　② 뒤에 명사 목적어를 가지며. 이미 정해진 '약속을 지킨다' 는 뜻으로 이
　　　　해하면 된다.

　　　　保证＋质量 / 时间 / 数量 / 水平

　　　　(보증하다＋ 질량 / 시간 / 수량 / 수준)

　　　　　예 我们会保证这批产品的质量。

　　　　　　우리는 이번 제품의 질량을 담보할 수 있다.

　　(2) 명 보증. 담보(물). 담보를 해주는 사물.

　　　　　예 信心和智慧是克服困难的保证。

　　　　　　자신감과 지혜는 어려움을 극복하는 보증이다.

保障 : 동 보장하다. 보호하다. 뒤에 명사 목적어를 가지며, '보호해준다' 라는 뜻이다.

　　　保障＋生命 / 财产 / 权利 / 安全 / 自由

　　　(보장＋생명 / 재산 / 권력 / 안전 / 자유)

　　　　예 法律会保障每一个公民的权利。

　　　　　법은 모든 국민의 권리를 보장한다.

　　　명 보장. 안전장치. 보호를 일으키는 사물.

　　　　예 改革是发展的保障。

　　　　　개혁은 발전의 안전장치이다.

本来　　bĕlái

※ 本来와 原来의 구분

(1) 부 본래. 원래. 현재나 과거의 상황에 대해 묘사한다. "本来"와 "原来" 모두
사용 가능하다.

예 他本来 / 原来就是个大忙人。

그는 원래부터 바쁜 사람이다.

(2) 부 본래

도리상 마땅히 어떠해야 함을 나타낸다. 이 경우 "本来"만 사용 가능하다.

예 学生本来就该按时完成作业。

학생은 마땅히 제때에 숙제를 완성해야 한다.

(3) 부 알고보니

잘 못 알았던 사실을 바로 알았거나 몰랐던 사실을 새롭게 알았음을 나타낸
다. 이 경우 "原来"만 사용 가능하다.

예 我以为你是中国人, 原来你是韩国人。

나는 네가 중국 사람인 줄 알았는데 원래는 한국사람이였구나.

遍　　biàn

遍 biàn 번 양

※ 遍과 次의 구분

흔히 숫자와 함께 수량사로 사용되고 "동사＋수량사"의 형태로 한 동작의 처음부터 끝
까지의 전 과정을 강조 할 때에는 "遍"을 쓰고 횟수를 강조할 때에는 "次"을 사용한
다.

예 这部个电影我看过三遍。

이 영화를 나는 세 번 봤다.

예 我谈过三次恋爱。 나는 연애를 세 번 해봤다.

表达　biǎodá

동 (사상 감정 등)을 나타내다. 흔히 아래 같은 단어와 결합하여 사용된다.

　表达＋思想 / 感情 표현하다＋사상 / 감정

동 표현하다

예 我现在已经能用汉语表达自己的思想了。

　지금 나는 중국어로 나의 생각을 표현할 수 있다.

예 这句话表达了母亲对孩子的爱。이 말은 어머니가 아이에 대한 사랑을 담아냈다.

명 표현

예 这个学生的表达能力很强。이 학생의 표현능력은 매우 강하다.

毕业　bìyè

동 졸업하다.

　‘毕业’는 이합동사로 뒤에 목적어가 올 수 없다.

　흔히 “毕业＋于＋学校 (或学校的名字)” 또는 “从～毕业”의 형태로 나타난다.

예 我毕业于长春理工大学。나는 장춘이공대를 졸업했다.

예 我从长春理工大学毕业。나는 장춘이공대를 졸업했다.

不但　búdàn

접 뿐만아니라

　‘不但’은 접속사로 “不但 / 不仅 / 不光 / 不只 / 不单 A, 而且 주어 也 / 还 B”

　의 형태로 사용된다. 구조는 다음과 같다.

(1) 주어＋不但＋형용사1, 而且＋형용사2.

　예 这个孩子不但漂亮, 而且聪明。

　이 아이는 얼굴이 예쁠 뿐만 아니라 머리도 똑똑하다.

(2) 주어 + 不但 + (조동사) + 동사1, 而且 + (조동사) + 동사2.

　　예　我每天不但要上班, 而且还要做家务。

　　　　나는 매일 출근해야 할 뿐만 아니라 가사일도 해야 한다.

(3) 不但 + 주어1 + 서술어, 而且 + 주어2 + 서술어.

　　예　不但我会说汉语, 而且我妹妹也会说汉语。

　　　　나뿐만 아니라 나의 여동생 또한 중국어를 말할 수 있다.

부정형식 : 不但不 / 没~, 反而~。

　　예　他不但没完成作业, 反而说谎。

　　　　그는 숙제를 다 하지 못했을 뿐만 아니라 거짓말까지 했다.

不管　　bùguǎn

(1) 접　~을 막론하고 ~에 관계없이 "无论" "不论"과 동의어로 "不管~, 也 / 都~。"
의 형태로 쓰인다. 다음의 5가지 상황에서 不管을 쓸 수 있다.

　① 의문사가 있을 때

　　예　不管明天天气怎么样, 我都要坚持做运动。

　　　　내일 날씨가 어떠하든지 관계없이 나는 운동 을 계속 할 것이다.

　② "还是"가 있을 때

　　예　不管老师还是学生, 都得排队坐电梯。

　　　　선생님이든지 학생이든지 엘리베이터를 탈 때 에는 모두 줄을 서야 한다.

　③ 뜻이 반대되는 일련의 단어가 있을 때

　　예　不管这个包儿贵不贵, 我都要买。

　　　　이 가방이 비싸든지 비싸지 않든지 나는 다 할 것이다.

　④ "多么"나 "多"가 있을 때

　　예　不管你多么忙, 都要按时吃饭。

　　　　당신이 얼마나 빠쁘든지 상관없이 반드시 때에 맞춰 밥을 먹어야 한다.

⑤ 몇 개의 명사가 병렬형식으로 연이어 있을 때

　　예　不管春夏秋冬, 我都要坚持游泳。

　　　봄, 여름, 가을, 겨울에 상관없이 나는 수영을 계속 할 것이다.

(2) 동 상관하지 않다

　　예　妈妈不会不管自己的孩子的。엄마는 아이를 상관하지 않을 리가 없다.

不过　búguò

"不过"는 "不但" "但是" "但" "可是" "可" 같은 뜻으로 자주 문장 앞에 출현한다.

예　虽然他不努力学习, 不过很聪明。그는 열심히 공부하지 않지만 아주 똥똥하다.

擦　cā

(1) 동 천이나 수건 등으로 닦아 깨끗하게 하다.

　　예　擦黑板 / 桌子

　　　칠판을 닦다 / 책상을 닦다.

(2) 동 바르다

　　예　擦粉 / 药 / 油

　　　분을 바르다 / 약을 바르다 / 기름을 바르다.

(3) 동 마찰로 인해 상처를 입다, 흔히 "擦破"의 형식으로 나타난다.

　　예　手擦破了皮。손에 상처가 났다.

差不多　chàbuduō

(1) 형 큰 차이가 없다. 비슷하다.

　　예　这两种颜色差不多。이 두 가지 색깔은 큰 차이가 없다.

(2) 〔형〕 일반적인. 대다수의.

　〔예〕 差不多的家务活儿他都会干。 그는 대다수의 가사일을 모두 할 줄 안다.

(3) 〔부〕 거의. 동사 앞에 온다.

　〔예〕 差不多等了两个小时。 거의 2시간 기다렸다.

尝 　cháng

(1) 〔동〕 맛보다. 맛을 식별하다. 흔히 "尝一尝" "尝尝看" "尝尝"(맛보다)의 형식으로 출현한다.

　〔예〕 这道菜很好吃, 你尝尝看。 요리가 아주 맛있네요. 한번 맛보세요.

(2) 〔동〕 겪다. 체험하다. 흔히 "尝＋到"(~을／를 경험하다)의 형식으로 출현하다. "到"는 "尝"의 결과보어이다. 흔히 "尝到~的滋味儿" "尝到~的甜头" "尝到~的苦头"의 형식으로 출현한다.

　尝到~的滋味儿 : 他终于尝到了失恋的滋味儿。

　　　　　　　　　그는 마침내 실연의 맛을 보았다.

　尝到~的甜头儿 : 农民们尝到了种植果树的甜头儿。

　　　　　　　　　농민들은 과일나무를 심은 덕을 보았다.

　尝到~的苦头儿 : 他第一次尝到了一人在外的苦头儿。

　　　　　　　　　그는 처음으로 타향에서 홀로 서야하는 고통을 겪었다.

(3) 〔부〕 일찍이. 이전에. 이미. 벌써. 흔히 "未尝"(일찍이) …한 적이 없다. 결코 …(이)지 않다. (부정사 앞에 쓰여 이중 부정을 나타냄) "何尝" 결코 …(이)지 않다. (부정사 앞에 쓰여 이중 부정을 나타냄) "未尝不"의 형식으로 출현한다.

　〔예〕 他未尝接受过正规的学校教育。

　그는 정규 교육을 받은 적이 없다.

　我何尝不想帮你, 可实在是无能为力。

　내가 왜 너를 도와주고 싶지 않겠니? 하지만 정말 도와 줄 힘이 없다.

吵　chǎo

(1) 형 시끄럽다. 떠들썩하다.

(2) 동 말다툼하다. 중첩형은 "吵吵"이다.

　　예 有话好好儿说, 不要吵。할 말이 있으면 말로 잘 풀고 말다툼하지 말라.

(3) 동 시끄럽게 소란을 피우다. 방해하다. 지장을 주다. 흔히 "吵＋결과보어＋목적어"의 형식으로 출현한다.

　　예 你吵到我了。당신이 나를 방해했어요.

　　他们把孩子吵醒了。그들의 떠드는 소리가 아이를 깨웠다.

从来　cónglái

부 (과거부터) 지금까지. 여태껏. 이제까지. [주로 부정형으로 쓰임]

从来不 : 과거부터 지금까지 한 적이 없을뿐더러 앞으로도 하지 않음을 뜻한다. 주관적 의지를 강조한다.

예 我从来不吃辣的。나는 여태껏 매운 것을 먹은 적이 없다.

从来没 : 과거부터 지금까지 한 적이 없지만 앞으로는 할 수 있음을 뜻한다. 객관적인 사실을 강조한다.

예 我从来没去过中国。나는 한 번도 중국에 가본 적이 없다.

粗心　cūxīn

형 세심하지 못하다. 소홀하다. 사람의 성격을 묘사한 말이다. 반대말은 "细心". 흔히 "大意"(부주의하다. 소홀하다)와 함께 사용된다. 즉 "粗心大意" 부주의하다. 세심하지 못하다. 진지하지 못하고 경솔하다.

戴　dài

(1) 동 (머리 · 얼굴 · 목 · 가슴 · 손 등에) 착용하다. 쓰다. 차다. 달다. 끼다. 두르다.

예 ① 戴帽子　모자를 쓰다　　② 戴领带　넥타이를 차다

③ 戴围巾　목도리를 하다　　④ 戴花　꽃을 달다

⑤ 戴项链　목걸이를 하다　　⑥ 戴耳环　귀걸이를 하다

⑦ 戴戒指　반지를 끼다　　⑧ 戴手表　손목 시계를 차다

⑨ 戴手链　팔찌를 차다　　⑩ 戴眼睛　안경을 끼다

掉　diào

(1) 동 떨어지다.

예 ① 掉眼泪　눈물을 흘리다　　② 树叶掉了　나뭇잎이 떨어지다

③ 掉色　퇴색하다.

(2) 동 잃다. 잃어버리다.

예 我的钱包掉了。나의 지갑을 잃어버렸다.

(3) 동 가격이 인하하다.

예 这件衣服掉价了。이 옷의 가격이 인하되었다.

(4) 보 동사 뒤에 붙어 동작의 결과를 나타낸다.

예 ① 扔掉　버리다　　② 花掉　써버리다

③ 除掉　제거하다　　④ 吃掉　먹어치우다

⑤ 喝掉　마셔버리다　　⑥ 改掉　바꿔버리다.

断　duàn

(1) 동 여러 토막으로 나누다.

예 绳子断了。줄이 끊기다.

(2) 图 끊(어지)다.

예 ① 断奶 젖을 떼다　　② 断了关系 관계를 끊다

　　③ 断电 정전되다　　④ 断水 단수하다

(3) 图 (술·담배 등을) 끊다.

예 ① 断烟 담배를 끊다　　② 断酒。술을 끊다

(4) 图 헤어지다.

예 我们俩断了。우리는 헤어졌다.

发　　fā

(1) 图 보내다.

예 ① 发短信 문자 메시지를 보내다

　② 邮件 우편물을 보내다

　③ 传真 팩스를 보내다

(2) 图 쏘다. 발사하다. (빛·열이) 나다.

예 ① 发子弹 탄알을 쏘다

　② 发光 빛을 내다

　③ 发烧 열이 나다

(3) 图 발생하다. 생기다. 생산하다.

예 ① 发电 발전하다

　② 发芽 발아하다

(4) 图 크게 부유해지다.

예 这几年, 他做生意发了。

　요 몇 년 동안 그는 사업을 해서 크게 부유해졌다.

(5) 图 (음식물이) 발효되어 부풀다. 물에 불어 부풀다.

예 ① 发面 밀가루 반죽을 발효시키다

　② 发水了。강물이 불다

方面　fāngmiàn

몡 방면. 분야

예 在学习方面, 我的孩子不用我担心。
공부방면에서 우리 아이는 내가 걱정을 안 해도 된다.

放弃　fàngqì

동 (권리나 주장·의견 등을) 버리다. 포기하다. 반대말은 "坚持"이다.

예 放弃继承权　상속권을 포기하다.

光　guāng

(1) 몡 [물리] 빛. 광선.

　예 ① 火光　불빛

　　　② 日光　일광. 햇빛.

(2) 몡 영광. 영예. 명예.

　예 ① 增光　영예를 더하다.

　　　② 争光　명예를 쟁취하다.

(3) 몡 [비유] 덕. 음덕. 이득. 이익.

　예 ① 借光　혜택을 입다. 덕을 보다.

　　　② 沾光　덕을 보다.

(4) 閉 단지. 다만.

　예 光说不做是不行的。단지 말만 하고 실행하지 않으면 안 된다.

(5) 보 동사 뒤에 위치하고 '온' 라는 뜻이다.

　예 吃 / 喝 / 花 / 用 / ＋光
먹어 치우다 / 마셔 버리다 / (돈을) 써버리다 / (돈. 물건 등을) 써버리다

过　guò

(1) 동 가다. 건너다.

　　예 过马路 길을 건너다.

(2) 동 보내다.

　　예 过生日 / 过春节 생일을 쇠다 / 구정을 쇠다.

(3) 조 …한 적이 있다.

　　예 我吃过中国菜。

　　　나는 중국 요리를 먹어 본 적 있다.

果然　guǒrán

부 생각한대로.

예 他说要下雪, 果然下雪了。

　그가 눈이 올 것 같다고 하더니 과연 예상대로 눈이 왔다.

鼓掌　gǔzhǎng

[이합동사] 목적어를 가질 수 없다. 我鼓掌他。(×)

"전치사＋목적어＋鼓掌"의 형태로 써야 한다.

예 我为你鼓掌。당신을 위하여 박수를 치다.

　我们给他鼓掌。우리가 그에게 박수를 보내자.

　흔히 수식으로 '热烈 열렬하다' 를 사용한다.

예 当老师走进教室时, 我们热烈地鼓掌。

　서 교실로 걸어 들어오실 때 우리는 열렬히 박수를 쳤다.

害羞　　hàixiū

[형] 겁이 많거나 낯가림을 하거나 어떤 일을 잘못해서 사람들이 비웃을까 두려워서 불안해하다.

[예] 第一次在这么多人面前讲话, 他有点儿害羞。

처음으로 이렇게 많은 사람들 앞에서 말을 하게 된 그는 조금 부끄러웠다.

汗　　hàn

[명] 땀.

[예] ① 汗水 땀

② 出汗 ＝流汗 땀이 나다 (덥거나 힘들어 땀이 나다. 고의가 아니다).

③ 发汗 땀을 내다 (고의로 땀을 내다.예를 들면 감기 걸렸을 때 일부러 땀을 냄으로 추위를 쫓는 경우이다) 이때 주의해야 할 점은 出汗水와 流汗水는 사용하지 않는 잘못된 표현이다.

航班　　hángbān

[명] (배나 비행기의) 운항편. 항공편. "航班"과 관련된 조합은 다음과 같다

① 登上 / 搭～的航班到 / 去～ ～항공편을 이용하여 ～에 가다

[예] 我今天要搭大韩航空的航班去韩国。

나는 오늘 대한한공의 한공편을 이용하여 한국으로 가려고 한다.

② 有＋수량사＋航班

[예] 今天有一个 / 趟飞往韩国的航班。오늘 한국으로 가는 항공편이 하편 있다.

③ 항공편 번호＋航班

[예] 我要搭PK270 航班去美国。

나는 PK270 항공편을 이용하여 미국을 가려고 한다.

好处　hǎochù

[명] 좋은 점. 반대말 "坏处"이다.

① 得到好处 혜택을 받다

② 给~好处 편익을 주다

③ 对~有好处 ~에 이로운 점이 있다.

[예] 他得到了很多好处。그는 많은 혜택을 받았다.

给你点儿好处, 你就高兴了。

편익을 조금 주면 당신도 기뻐할 것이다.

抽烟对身体没有好处。흡연은 건강에 이로운 점이 없다.

好像　hǎoxiàng

(1) [동] 닮다. 유사하다. 비슷하다.

[예] 春天的原野就好像一座大花园。

봄날의 들판은 커다란 정원과 유사하다.

(2) [부] 마치 …과 같다 [비슷하다]

[예] 他好像不知道这件事。

그는 마치 이 일을 모르는 것 같았다.

后悔　hòuhuǐ

[동] 자주 볼 수 있는 조합은 다음과 같다.

① 조동사＋后悔

[예] 你会后悔的。너는 후회할 것이다.

② 정도부사＋后悔

[예] 我很后悔。나는 매우 후회한다.

③ 为~后悔

   예 我为自己的选择后悔。나는 나의 선택 때문에 후회한다.

④ 让 / 令(하여금)~后悔

   예 让我后悔的是我没有在他有困难的时候伸出援助之手。

     나로 하여금 후회하게 하는 것은 그가 어려움이 있을 때 내가 도움의 손길을

     보내지 못한 것이다.

⑤ 表示 / 感到后悔

   예 对此我感到后悔。나는 이 일을 후회한다.

⑥ 后悔＋서술어 형태의 목적어(대부분의 경우)

   예 我后悔自己没有努力学习汉语。

     나는 중국어를 열심히 하지 않은 것에 대해 후회하고 있다.

后来　hòulái

后来와 以后의 구분 :

后来 : 앞 상황이 발생한 이후를 나타냄. 흔히 "后来…"의 형식으로 출현한다.

예 他去年来过一封信, 后来就再也没来过信了。

  작년에 그에게서 편지 한 통이 왔고 그 뒤로는 다시 오지 않았다.

以后 : 앞 상황 없이 독립적으로 사용 가능, 흔히 "(1) 以后, …　(2) …以后, …"의

     형식으로 출현한다.

예 (1) 以后, 你们不要早退。앞으로 당신들은 조퇴하지 마세요.

  (2) 十年以后, 我一定要结婚。십년이후, 나는 반드시 결혼할 것이다.

回忆　huíyì

(1) 동 회상하다. 추억하다.

   예 回忆过去　과거를 회상하다.

(2) 명 회상. 추억. 흔히 볼 수 있는 조합은 다음과 같다.

　① 留下(남기다) + ~的回忆.

　　예 这次旅行给我留下了美好的回忆。

　　　이번 여행은 나에게 아름다운 추억을 남겨주었다.

　② 值得(~할 만하다)回忆.

　　예 这真是一次值得回忆的旅行。

　　　이번 여행이야말로 정말 추억할 만한 여행이다.

火　　huǒ

(1) 명 불. 화염

(2) 형 사업이 번성함을 뜻 하기도하고 (사람 등이)인기가 있음을 뜻하기도 한다.

　예 ① 买卖很火。장사가 매우 잘 된다.

　　② 这个歌手可火了。이 가수는 인기가 많다.

(3) 형 화.

　예 他一下子就火了。

　　그는 대번에 분노가 끓어 올랐다.

忽然　　hūrán

忽然과 突然의 비교 :

忽然 : 부 갑자기.

　예 外面忽然下起了大雨。

　　밖에 갑자기 큰 비가 내리기 시작했다.

突然 : 부 갑자기, 이때 "忽然"과 같다.

　예 外面突然下起了大雨。

　　밖에 갑자기 큰 비가 내리기 시작했다.

　圏 (상황이) 갑작스럽다. 정도부사의 수식을 받을 수 있다.

　예 他来得很突然。그가 온 것은 매우 갑작스러운 일이다.

互相　hùxiāng

互相과 相互의 비교

	품사	관형어(명사수식)	부사어(동사수식)
相互	형용사	○	○
互相	부사	×	○

寄　jì

　동 보내다.

　예 ① 寄信　편지를 보내다

　　　② 寄东西　물건을 보내다

그 외 "寄给＋谁＋什么"의 형태로도 자주 쓰인다. 반대말은 "收" '받다' 이고 흔히 "收到" '받았다' 의 형태로 쓰인다.

　예 我寄给妈妈一封信。나는 엄마에게 편지를 한 통 보냈다.

　　　我收到了你的信。나는 당신의 편지를 받았다.

坚持　jiānchí

　동 견지하다. 흔히 술어형태의 목적어를 갖는다.

　예 坚持学习 : 학습을 견지하다.

반대말은 "放弃" '포기하다' 인데 "放弃" 역시 술어형태의 목적어를 갖는게 일반적이다.

　예 放弃学习 : 학습을 포기하다.

그 외 "放弃" 뒤에는 목적어가 명사인 경우도 올 수 있는 반면에 "坚持"는 그렇지 못하다.

예 我放弃了现在的工作。나는 지금 하고 있는 포기했다.

降低　jiàngdī

(1) 동 내리다. 낮추다. 인하하다. 절하하다. 줄이다.

　　예 降低价格 가격을 낮추다.

(2) 동 내려가다.

　　예 ① 视力降低 시력이 떨어지다　　② 气温降低 기온이 내려가다.

将来　jiānglái

명 장래. 미래. ['过去(과거)'·'现在(현재)'와 구분됨]. 흔히 볼 수 있는 조합

예 ① 在将来 장래에 있어　　② 为了将来 미래를 위하여

减少　jiǎnshǎo

동 감소하다. 줄다. 줄이다. 축소하다.

예 ① 减少时间 시간을 줄이다　　② 减少人员 인원을 감소하다

　　③ 减少麻烦 번거로움을 줄이다　　④ 缺点减少 단점이 줄어들다

　　⑤ 作业减少 숙제가 줄어들다　　⑤ 压力减少 앞력이 줄어들다

交　jiāo

(1) 동 건네주다. 내다. 제출하다. 반대말은 "收"이다.

　　예 ① 交钱 돈을 내다　　② 交作业 술제를 제출하다

(2) 동 사귀다, 교제하다

예 交朋友 친구를 사귀다

骄傲　jiāo'ào

(1) 형 오만하다. 자부심이 강하다. 사람의 성격을 묘사한 말이다. 반대말 "谦虚"

예 他是一个很骄傲的人。 그는 매우 오만한 사람이다.

(2) 형 자랑스럽다.흔히 볼수 있느 조합

① 感到骄傲　자부심을 느끼다　　② 值得骄傲　자랑스럽다

예 我为我是一个 中国人感到骄傲。 나는 내가 중국사람임에 자부심을 느낀다.

(3) 명 자랑. 긍지. 자랑꺼리. 즉 자랑스러운 사람이나 사물을 가리킨다.

예 古代四大发明是中国的骄傲。 고대 사대발명을 중국의 자랑꺼리이다.

交流　jiāoliú

(1) 동 서로 소통하다. 교류하다. (정보 따위를) 교환하다.

예 ① 交流情感　감정을 교류하다　　② 交流文化　문화를 교류하다

　　③ 交流语言　언어를 교류하다　　④ 交流经验　정보를 교류하다

(2) 명 교류.

예 夫妻之间需要常常交流。

부부사이에는 항상 소통이 필요하다.

交通　jiāotōng

(1) 명 교통. 운송수단.

예 ① 交通方便　교통이 편리하다　　② 交通堵塞　교통이 막히다

　　③ 交通手段　교통수단

(2) 명 사람과 사람사이의 소통.

　　예 我和他没有交通。 나는 그와 소통이 없다

教育　　jiàoyù

(1) 명교육.

　　예 政府很重视教育。 정부는 교육을 매우 중요시한다.

(2) 동 교육하다. 양성하다.

　　예 教育孩子 아이를 교육하다.

饺子　　jiǎozi

명 만두.

饺子와 관련된 동사목적어조합

　　① 包饺子 만두를 빚다　　　② 吃饺子 만두를 먹다

　　③ 煮饺子 만두를 삶다　　　④ 煎饺子 만두를 부치다

　　⑤ 蒸饺子 만두를 찌다

饺子와 관련된 명사

　　① 饺子皮儿 만두피　　　② 饺子馅儿 만두소

　　③ 饺子汤 만두탕

基　　jīchǔ

基础와 基本의 구분

基础 : 명 기초. 토대. 흔히 볼 수 있는 수식구 :

　　基础 知识 / 理论 기초지식 / 기초이론.

흔히 볼 수 있는 동사목적구조 :

打 / 巩固＋基础 기초를 다지다 / 기초를 공고히 하다

예 小学是打基础的阶段。초등학교시기는 기초를 다지는 단계이다.

基本 : (1) 명 기본. 근본. 가장 주요하고 핵심적인 작용을 일으키는 것을 뜻한다.

基本＋原则 / 原理 / 知识 / 观点 / 矛盾 / 情况 / 条件 / 特征 / 立场

기본원칙 / 원리 / 지식 / 관점 / 모순 / 상황 / 조건 / 특징 / 입장

예 对于这些基本知识, 我们必须好好掌握。

이러한 기초 지식에 대해서 우리는 반드시 잘 파악해야 한다.

(2) 부 대체로. 거의. '基本上' 의 형태로도 많이 쓰인다.

예 我基本(上)写完了全部作业。나는 거의 모든 숙제를 다 했다.

结果　　jiéguǒ

结果、后果、成果

结果 : 명 결과, 감정 색채가 없는 '中性词' 이다.

예 比赛的结果已经出来了。시합결과는 이미 나왔다.

后果 : 명 결과, 안 좋은 결과를 의미한다. '贬义词' 이다.

예 后果很严重。결과가 매우 심각하다.

成果 : 명 성과, 좋은 수확을 의미한다 '褒义词' 이다.

예 这是一个很了不起的学术成果。이는 대단한 학술 성과이다.

节约　　jiéyuē

节约、节省、节俭의 구분

节省、节约 : 동 꼭 써야 하는 것은 쓰고 필요 없는 부분만 아끼는 것이다.

［예］ 为了节约时间，我打车去学校。

시간을 절약하기 위하여 나는 택시를 타고 학교 간다.

节省、节约、节俭 ： ［형］ 절약하다. 절제하며 사용하다. 주로 정도부사와 함께 서술어로

쓰이거나 명사를 수식하는 데 사용된다.

반대말은 "奢侈 사치하다"이다.

［예］ 我妈妈是一个节俭的人。나의 어머니는 검소한 사람이다.

我妈妈十分节俭。어머니는 매우 검소하다.

经历　jīnglì

经历、经验의구분

经验 ： ［명］ 경험, 흔히 생활가운데 사람들이 축적한 지식이나 기술을 가리키며 동사로

거의 사용되지 않고 주로 명사로 출현한다. 결과를 강조한다.

［예］ 他的教学经验非常丰富。그의 교수경험은 매우 풍부하다.

经历 ： (1) ［명］ 경험.경력.사람이 직접 보거나 직접 체험한 과정을 뜻한다.

［예］ 他有过贫穷经历。그는 가난했던 경험이 있다.

(2) ［동］ 경험하다. 겪다. 체험하다.

［예］ 他经历了很多次的失败。그는 수많은 실패를 경험했다.

尽管　jǐguǎn

(1) ［접］ 비록… 虽然과 뜻이 같으며. 주로 "也" "还是" "但是" "却"와 함께 사용된다.

［예］ 尽管天气很冷，但我也要坚持早起做运动。

비록 날씨가 매우 춥지만 나는 일찍 일어나서 운동하는 것을 견지해야 한다.

(2) ［부］ 얼마든지. 마음대로. 주저하지 않고. '只管(zhǐguǎn)'과 뜻이 같다.

［예］ 有什么困难尽管说。어려움 있으면 주저하지 말고 얘기해라.

(3) 〔부〕 줄곧. 늘. 항상. 내내.

　　〔예〕 问什么她也不回答, 尽管哭。

　　　　그녀는 무엇을 묻든지 다 대답하지 않고 내내 울기만 했다.

经验　　jīngyàn

请参考经历(p. 40)

竞争　　jìngzhēng

〔동〕 경쟁하다. 관련된 단어 :

① 竞争力　경쟁력　　　　　　② 企业竞争　기업경쟁력

③ 同业竞争　동업끼리의 경쟁　④ 商业竞争　상업경쟁력

⑤ 公平竞争　공평하게 경쟁한다.　⑥ 参与竞争　경쟁에 참여한다.

紧张　　jǐnzhāng

(1) 〔형〕 분위기나 인간관계가 긴장하다.

　　〔예〕 ① 气氛紧张　분위기가 긴박하다

　　　　② 关系紧张　관계가 멀어졌다. 껄끄럽다.

(2) 〔형〕 (정신적으로) 긴장해 있다. 불안하다. 반대말은 "放松 이완시키다"이다.

　　〔예〕 消除紧张　긴장을 풀다.

(3) 〔형〕 (물품이) 달리다. 빠듯하다. 부족하다.

　　〔예〕 ① 资源紧张　자원이 부족하다　　② 手头紧张　주머니 사정이 어렵다

　　　　③ 人员紧张　인원이 부족하다　　④ 资金紧张　자금이 부족하다

　　　　⑤ 时间紧张　시간이 부족하다

(4) 〔형〕 바쁘다. 급박하다.

　　〔예〕 ① 学习紧张 학습이 바쁘다　　　② 工作紧张 일이 바쁘다.

既然　　　jìrán

〔접〕 흔히 "既然 A, 那(么) 주어 就 B"의 구조로 사용되고 의미는 "기왕 A한 바에야 B하다"

〔예〕 既然来了, 就一起。

　　기왕 왔는데 같이 식사라도 합시다.

即使　　　jíshǐ

〔접〕 설령 A해도 B하다, A는 발생하지 않았거나 현실에 부합되지 않는 일, B는 변화하지 않음을 강조하다. 即使 / 即便 / 就是 / 就算 / 哪怕 / 纵然 A, 주어 也 B.

〔예〕 即使下雨, 我也每天坚持晨跑。

　　설령 비가 오더라도 나는 매일 조깅하는 것을 견지한다.

究竟　　　jiūjìng

(1) 〔부〕 毕竟 ['到底(dàodǐ)' 에 상당함]

　　〔예〕 他究竟是经验丰富, 说的话很有道理。

　　　어쨌든 그는 경험이 풍부하므로 하는 말에 일리가 있다.

(2) 〔부〕 의문문에 사용되어 추궁함을 나타낸다.

　　〔예〕 你究竟答应不答应? 당신은 도대체 허락할꺼야 말꺼야?

(3) 〔명〕 경위. 자초지종. 결말. 결과. 일의 귀착. 본말.

　　〔예〕 大家都想知道个究竟。 모두들 자초지종을 알고 싶어 했다.

继续　　jìxù

继续、陆续、连续의 비교

继续 : (1) 동 계속하다. 흔히 뒤에 술어형태의 목적어가 따르고 수량사가 올 수 없다.
　　　　　　"继续"는 어떤 일을 하다가 중간에 잠깐 쉬고 나서 줄곧 해나가는 것을
　　　　　　가리킨다.

　　　　(2) 명 연속. 계속. 속편.

连续 : 동 연속하다. 흔히 뒤에 술어형태의 목적어가 따른다. 어떤 일을 멈춤이 없이
　　　　　계속하는 것을 가리킨다. 뒤에는 수량사가 올 수 있다.

　　　　예 这场雨连续下了三天。이 비는 연속 3일 동안 내렸다.

陆续 : 부 끊임없이.계속해서. 의미상 반드시 사건이 끊어져 발생함을 나타낸다. 부사
　　　　　로 동사를 수식한다. 뒤에는 수량사가 올 수 있다.

举办　　jǔbàn

举办과 举行의 비교

举办 : 동 계획적으로 어떤 활동을 진행하거나 사업을 개최하다.

　　　　예 ① 举办展览会 전시회를 열다 ② 举办训练班 강습반을 열다

举行 : 동 집회나 시합을 거행하다.

　　　　예 举行球赛 축구 시합을 거행하다.

拒绝　　jùjué

동 (부탁·의견·선물 등을) 거절하다. 거부하다. 반대말은 "接受 수락하다"이다.

距离　　jùlí

(1) 명 거리. 간격.

　　예 两地距离不远。두 곳의 거리는 멀지 않다.

(2) 동 (…로부터) 떨어지다

　　예 天津距离北京约有一百二十公里。

　　　천진은 북경으로부터 약 120km 떨어져 있다.

　　　现在距离唐代已经有一千多年。

　　　지금은 당대로부터 1000여 년의 시간이 흘렀다.

(3) 명 [비유] (인식 · 감정 등 방면의) 거리

　　예 我和他的距离越来越远。나와 그의 감정은 점점 멀어졌다.

开玩笑　　kāiwánxiào

[이합동사] 농담하다. 웃기다. 놀리다. 이합동사이기에 목적어를 가질 수 없다. 흔히
"주어＋开＋(누구)的玩笑"와 "(A)＋和＋(B)开玩笑"의 형태로 출현한다.

　　예 你别和我开玩笑。너는 나와 농담을 하지 말라.

　　　你别开我的玩笑。나를 놀리지 말라.

看法　　kànfǎ

(1) 명 견해.

　　예 你可以说说自己的看法。

　　　당신의 견해를 한번 얘기해볼 수 있다.

(2) 명 부정적인 의견.

　　예 我对他有看法。나는 그에 대해 부정적인 생각이 있다.

棵 kē

[양] 그루. 포기. [식물을 세는 단위]

① 一棵草 풀 한포기

② 一棵大白菜 배추 한 포기

③ 两棵树 나무 두 그루

肯定 kěndìng

(1) [부] 확실히.

[예] 明天肯定会下大雨。 내일은 확실히 비가 올 것이다.

(2) [동] 확신하다.

[예] 我肯定他不会做那种事。

나는 그가 그러한 일을 하지 않을 것을 확신한다.

(3) [형] 분명하다. 명확하다.

[예] 请你给我一个肯定的回答。

나에게 확실한 대답을 주세요.

(4) [동] 긍정적으로 평가하다. 좋다고 인정하다.

[예] 老师终于肯定了我的成绩。

선생님은 드디어 나의 성적을 인정해 주셨다.

(5) [형] 긍정적이다. [긍정적인 동의를 나타냄]

[예] 他的回答是肯定的。

그의 대답은 긍정적이었다.

恐怕 kǒngpà

[부] 아마 …일것이다. "恐怕"가 추측하는 내용은 흔히 폄하의 감정이 들어있다.

拉　　lā

(1) 图 끌다. 당기다. 견인하다.

　　예 他拉了一下我的衣角。그는 나의 옷깃을 살짝 당겼다.

(2) 图 켜다. 타다. 뜯다. 연주하다.

　　예 拉小提琴 바이올린을 켜다.

来不及　　láibují

(시간이 부족하여) 돌볼 [손쓸] 틈이 없다. 생각할 겨를이 없다.
따라가지 못하다.

예 今天我又起来晚了, 又来不及吃早饭了。

　　오늘 나는 또 늦잠을 잔 관계로 아침밥을 또 먹을 틈이 없다.

来得及　　láideji

늦지 않다. (시간이 있어서) 돌볼 [손쓸] 수가 있다. 생각할 겨를이 있다.

예 虽然已经 7 点了, 不过还来得及吃早饭。

　　이미 7기가 되었지만 아침밥을 먹을 겨를은 있다.

浪漫　　làngmàn

형 낭만적이다. 시적이고 환상적인 것도 의미한다.

예 他的诗歌极富浪漫色彩。그의 시가는 낭만적인 색체가 강하다.

冷静 lěngjìng

(1) 형 냉정하다. 침착하다.

　예 在困难面前, 我们一定得冷静。

　　어려움 앞에서 우리는 반드시 침착해야 한다.

(2) 형 조용하다. 고요하다. 쓸쓸하다. 적막하다. 한산하다.

　예 放学后, 校园里一下子安静下来了。 방과후 교정은 단시간에 고요해졌다.

连 lián

(1) 동 잇다.

　예 ①心连心 마음과 마음을 연결하다 ② 水连天 물과 하늘을 연결하다.

(2) 부 연이어. 동사 앞에 위치한다.

　예 这场电影连演一个多月了。 이 영화는 연이어 한달 넘게 상영했다.

(3) 개 …조차도. …마저도, 흔히 "也" '도' "都" '모두' 와 함께 사용된다.

　예 我连早饭都没吃。 나는 아침밥조차 먹지 않았다.

(4) 개 …까지. …을 합하여 [더하여 · 포함하여].

　예 连我一共十个人。 나까지 모두 열명이다.

亮 liàng

(1) 형 밝다. 빛나다.

　예 天儿马上就亮了。 날은 곧 밝아 온다.

(2) 형 소리가 크고 맑다.

　예 他的嗓子很亮。 그의 목소리는 크고도 맑았다.

(3) 명 흔히 "亮儿"의 형태로 출현한다.

　예 这个房间没有一点儿亮儿。 이 방안은 빛이 조금도 없었다.

凉快　　liángkuài

(1) 형 시원하다. 서늘하다.

　　예 这个房间很凉快。이 방안은 매우 시원하다.

(2) 동 시원 [서늘]하게 하다.

　　예 天儿太热了, 我得凉快凉快。

　　　날씨가 너무 더우니 나는 바람을 좀 쐬야겠다.

厉害　　lìhai

(1) 형 사람의 성격을 나타낸다.

　　예 我们班老师可厉害了。우리 반 선생님은 정말 엄하다.

(2) 형 어떤 상황의 정도를 나타낸다. "극심하다. 심각하다."

　　예 我肚子疼得厉害。나는 배가 심하게 아프다.

(3) 형 대단하다. 굉장하다.

　　예 他可厉害了, 十几岁就会说三门外语。

　　　그는 정말 대단했다. 열 몇 살에 3개 나라 언어를 할 줄 알았다.

理解　　lǐjiě

理解와 了解의 구분

理解 : 동 이해하다. 마음속으로부터 어떤 사람이나 상황을 이해하는 것을 가리킨다.
　　　　앞에 '很'이나 '非常' 등 정보부사를 붙일 수 있다.

　　　예 我很理解他。나는 그를 정말 이해한다.

了解 : 동 이해하다. 잘 알다. 객관적으로 어떤 사람이나 상황을 이해한다. 앞에 '很'
　　　　이나 '非常' 등 정보부사를 붙일 수 있다.

　　　예 我很了解他。나는 그를 매우 잘 안다.

另外　lìngwài

(1) 〔대〕 다른 [그 밖의] 사람이나 사물

　　〔예〕 把这两本书留下，另外的你全部拿走。

　　　　이 두 권만 남기고 다른 것은 모두 당신이 가져가세요.

(2) 〔부〕 별도로. 따로. (흔히 "又" "再" "还"와 함께 사용된다.)

　　〔예〕 桌椅不够，另外又添了几张。

　　　　테이블과 의자가 모자라서 별도로 몇 개 더 보탰다.

乱　luàn

(1) 〔형〕 어지럽다. (사회의 동란이나 마음이 심란한 것. 방이 어지러운 것. 남녀관계가

　　부적절한 것 등을 가리킬 수 있다.)

(2) 〔부〕 함부로. 마구. 제멋대로. 흔히 뒤에 단음절 동사가 따른다.

　　〔예〕 ① 乱吃 마구 먹다　　　　　　② 乱说 함부로 말하다

　　　　③ 乱写 제멋대로 쓰다

麻烦　máfan

(1) 〔동〕 동사일 때는 "귀찮게 [성가시게·번거롭게]하다"의 의미를 갖고 흔히 "麻烦＋

　　대상＋행위"의 형식으로 출현한다.

　　〔예〕 麻烦您帮我把门打开。실례하지만 저를 도와 문을 좀 열어 주세요.

(2) 〔형〕 귀찮다. 성가시다. 번거롭다.

　　〔예〕 他这个人很麻烦。그는 정말 귀찮은 사람이다.

(3) 〔명〕 흔히 볼 수 있는 동사목적어 구조 :

　　　　① 添麻烦 폐를 끼치다　　　　　② 惹麻烦 말썽을 자초하다

马虎　　mǎhu

(1) 형 한 사람의 성격이나 일을 하는 태도를 나타낸다.

　　예 他工作很认真, 从不马虎。

　　　그는 일을 함에 있어 줄곧 진지하고 여태껏 대충한 적이 없다.

(2) 형 일반적이다. 흔히 "马马虎虎"로 쓰인다.

　　예 我的汉语马马虎虎。나의 중국어 수준은 일반적이다.

满　　mǎn

형 가득 [꽉] 차다. 가득하다. 그득하다.

(1) 명사 앞에 위치할 때는 '온'의 뜻을 갖는다.

　　예 ① 满屋　온방　　　　② 满桌　온 테이블

　　　③ 满身　온몸　　　　④ 满口　입 한 가득

(2) 동사 뒤에 위치하여 동사의 결과보어로 쓰일 때는 "가득하게 하다"의 의미를 가진다.

　　예 ① 倒满酒　술을 가득 붓다

　　　② 装满　가득 싣다

　　　③ 坐满　가득 앉다.

(3) 부 완전히. 아주. 참으로.

　　예 他的汉语说得满好的。그는 중국어를 아주 잘 한다.

耐心　　nàixīn

(1) 형 참을성이 있다. 인내심이 강하다. 인내성이 있다.

　　예 做妈妈的要耐心地教育孩子。

　　　어머니로서 인내심을 가지고 아이를 교육해야 한다.

(2) 명 인내심. 인내성. 참을성.

예 教育孩子要有耐心。아이를 교육함에 있어 인내심이 있어야 한다.

难道 — nándào

"难道不是…吗" ~하지 않아? 반어문 형식으로 긍정을 나타내며 강조하는 뜻이 있다.

예 你难道不是来过这儿吗? 당신은 여기에 온 적이 있지 않은가?

难受 — nánshòu

형 불편하다, 신체나 심리적으로 불편함을 가리킬 수 있다.

예 最近我感冒了, 每天都很难受。

최근에 나는 감기에 걸려 날마다 매우 괴롭다.

今天老师批评了我, 我很难受。

오늘 선생님께 지적 받은 걸로 나는 매우 괴롭다.

内 — nèi

명 안, 장소나 시간 뒤에 올 수 있다.

예 ① 一个月内 한달 이 내　　　　② 国内 국내

能力 — nénglì

명 흔히 "能力强 능력이 강하다" "有能力 능력이 있다"의 형태로 출현한다.

弄　　nòng

회화체에서 많이 쓰이는 "弄"은 다양한 뜻과 용법을 가지고 있다. 그중에 중요한 용법은 다음의 3가지이다.

(1) "～하다" 다른 동사를 대신할 수 있다. 특히 의미가 명확하지 않은 동사를 대신할 수 있다.

> 예 客人都来了, 菜弄好了吗?
>
> 손님이 왔는데 요리를 다 했어요? ("做"를 대신하여 사용되었다.)
>
> 你能把这瓶啤酒弄开吗?
>
> 당신이 이 맥주를 열 수 있는가? ("打、开"를 대신하여 사용되었다)

(2) 흔히 "弄＋형용사"의 형태로 출현한다.

> 예 ① 弄脏 더럽히다
>
> ② 弄干净 깨끗하게 하다
>
> ③ 弄错 잘못하다
>
> ④ 弄坏 망가뜨리다

가끔은 "弄＋동사"의 형태로 출현하기도 한다.

> 예 弄来 가져오다, 쉽게 얻을 수 없다는 뜻이다.

(3) "弄得…"는 "～한 결과를 초래하다"라는 뜻이 있다. 일반적으로 뒤에 절이 오며 좋지 않은 상황을 나타낸다.

> 예 孩子的要求太多, 弄得爸爸妈妈不知道怎么办。
>
> 아이의 요구가 너무 많아 아빠 엄마로 하여금 어찌할 바를 모르게 만들었다.
>
> 他总是让大家听他的, 弄得大家不愿意和他在一起。
>
> 그는 늘 사람들에게 본인의 말만 들으라고하여 모두 그와 함께 하고 싶은 마음이 들지 않게 만들었다.

暖和　nuǎnhuo

(1) 형 따뜻하다. 따사롭다.

　　예 春天到了, 天气渐渐暖和起来了。

　　　봄이 왔다. 날씨가 점점 따뜻해졌다.

(2) 동 따뜻하게 하다. 데우다. 녹이다.

　　예 快进屋暖和暖和。빨리 집안에 들어가서 (몸을)녹이세요.

偶尔　ǒu'ěr

(1) 부 때때로.

　　예 我每天主要在外面吃, 偶尔自己做饭吃。

　　　나는 매일 주로 밖에서 먹고 가끔은 혼자 해 먹기도 한다.

(2) 형 우발적인.

　　예 这只是偶尔 的情况。이는 우발적인 상황일 뿐이다.

判断　pànduàn

(1) 동 판단하다.

　　예 判断错误。판단이 잘못되다.

(2) 명 판단.

　　예 我相信我的判断。나는 나의 판단을 믿는다.

脾气　píqi

명 성격.성질

예 他的脾气怎么样? 그의 성격은 어떠한가?

他挺有脾气的。그는 성깔이 있다.

他的脾气不太好。그는 성질이 좋지 않다.

破　　pò

파손되다. 찢어지다. 망가지다

(1) 서술어로 사용한다.

예 我的衣服破了。나의 옷은 찢어졌다.

(2) 관형어로 사용한다.

예 看看他穿的那件破衣服。그가 입은 낡은 옷 좀 봐.

(3) 보어로사용한다.

예 这件衣服穿了十年, 到现在还没有穿破。

이 옷은 10년이나 입었는데 지금까지 아직 망가지지 않았다.

千万　　qiānwàn

"千万"은 "반드시, 꼭"의 의미로 어떤 사람에게 무엇을 간절히 부탁하거나 희망을 나타내고자 할 때 쓰이며 뒤에는 일반적으로 "要" 혹은 부정사가 온다.

예 明天的晚会你千万要来呀。

당신은 내일 파티에 꼭 와야 한다.

예 这事千万别忘了。이 일을 절대로 잊어서는 안 된다.

예 对客人千万不能说这样的话。

손님에게는 절대로 이러한 말을 해서는 안 된다.

起飞   qǐfēi

공항에서 흔히 사용되는 단어 :

① 办理登机手续 탑승 수속을 밟다

② 托运 (짐, 화물을)탁송하다

③ 登机 탑승하다

④ 起飞 이륙하다

⑤ 降落 착륙하다

⑥ 下飞机 비행기에서 내리다

气候   qìhòu

(1) 명 기후.

　예 东北的气候不太好。 동북의 기후는 그다지 좋지 않다.

(2) 명 "성과, 성취"를 비유한 말로 흔히 "成气候"의 형태로 출현한다.

　예 一个小孩子能成什么气候。 아이가 무슨 성과를 낼 수 있겠어.

(3) 명 "동향 정세"를 비유한 말이다.

　예 政治气候 정치 동향.

起来   qǐlái

(1) 동 일어나다.

(2) 보 흔히 "동사＋起＋명사＋来"의 형태로 나타난다.

① 하기 시작하다.

　예 她一打起电话来, 就是几个小时。

　그는 전화만 하면 몇 시간씩이나 통화한다.

② 융기. 돌출

　예 他的眼睛肿起来了。 그의 눈은 부어 올랐다.

③ 분산 → 집중

　예 你把这些资料钉起来吧。 이 자료들을 철하세요.

④ 의견. 견해

예 看起来, 你的身体不太好。보아하니 당신의 건강이 좋지 않구나.

轻　qīng

형 (무게가) 가볍다, 반대말은 "重(무겁다)"이다.

(1) 서술어로 사용한다.

예 这个箱子很轻。이 박스는 매우 가볍다.

(2) 관형어로 명사를 수식한다.

예 这只是一点儿轻伤。이는 가벼운 상처이다.

(3) 부사어로 동사를 수식한다.

예 轻拿轻放。가볍게 들고 가볍게 놓다.

请假　qǐngjià

[이합동사] (휴가 · 조퇴 · 외출 · 결근 · 결석 등의 허락을) 신청하다.

예 请一天假。하루 휴가 내다.

请客　qǐngkè

[이합동사] 목적어를 가질 수 없지만 "请+목적어"의 형태로는 쓰일 수 있다.

예 我请你看电影。너에게 영화를 보여 줄께.

轻松　qīngsōng

형 심정이나 상태를 가리킬 수 있다. 심정을 가리킬 때 반대말은 "沉重(우울하다)"이고 상태를 가리킬 때 반대말은 "紧张(긴장되다)"이다.

全部　quánbù

(1) **명** 전부. 전체. 모두.

　　예 这不是事情的全部。이것은 사건의 전부가 아니다.

(2) **형** 전부의. 전체의. 모두의. 전반의.

　　예 全部答案 전체의 답안.

却　què

부 …지만. …하지만. 주어 뒤에 동사 앞에 위치한다.

确实　quèshí

부 정말로. 확실히. 틀림없이. 형용사나 동사. 정도부사를 수식한다.

예 他确实努力学习汉语了。그는 중국어를 확실히 열심히 했다.

　　这件衣服确实太贵了。이 옷은 정말로 너무 비싸다.

群　qún

(1) 무리를 이루어 모여 있는 사람

　　예 ① 一群大学生 대학생 한 무리　　② 一群观众 관객 한 무리

(2) 무리를 이루어 모여 있는 동물

　　예 一群狗 개 한무리

热闹　rènao

(1) 휑 광경이나 상황. 분위기가 시끌벅적하다.

　　예 节日的百货商店很热闹。명절때에 백화점은 시끌벅적하다.

(2) 동 나가서 신나게 놀다.

　　예 我们一家人出去热闹热闹吧。우리 한집식구 나가서 신나게 놀아요.

(3) 명 ～儿 이 붙어 번화한 장면. 재밋거리를 가리킨다.

　　예 走！我们去看看热闹去。가자! 우리 가서 구경하자.

软　ruǎn

휑 부드럽다. 연하다. 반대말은 "硬"이다. "软"과 함께 자주 출현하는 조합 :

① 嘴软 : 말을 떳떳하게 하지 못하다

② 心软 : 마음이 여리다. 쉽게 감동 받아 나타나는 연민과 동정심.

③ 全身酸软 : 온몸이 노곤하다.

④ 腿软 : 다리에 힘이 없다.

深　shēn

휑 깊다. 반대말은 "浅(얕다)"이다.

(1) 깊다.

　　예 这条河很深。이 강은 매우 깊다.

(2) (색깔이)진하다.

　　예 这条裙子漂亮是漂亮，就是颜色有点儿深。

　　　　이 치마는 예쁜데 색깔이 너무 진하다.

(3) 두 사람의 관계가 돈독하다.

　　예 他们的友谊很深。그들은 정이 돈독하고 밀접하다.

(4) 시간이 오래되다. 많이 지나다.

　　예　夜深了。밤이 깊었다.

(5) 부　"很(매우)"과 뜻이 같다.

　　예　我深信他的能力。나는 그의 능력을 믿어 의심치 않는다.

(6) 명　깊이.

　　예　这条河的深度无法测量。이 강의 깊이는 측정할 수 없다.

生活　shēnghuó

(1) 명　생활

　　예　① 生活水平　생활수준　　　　② 日常生活　일상생활

(2) 동　살다. 생활하다.

　　예　我们俩从小就生活在一起。우리는 어렸을 때부터 함께 생활했다.

市场　shìchǎng

(1) 명　시장.

　　예　我每天晚上都要去市场买菜。

　　　　나는 매일 저녁마다 시장에 가서 반찬을 사야한다.

(2) 명　상품이 유통하는 경로.

　　예　国际市场　국제시장

(3) (명사. 비유의 의미를 갖는다) 받아들여질 여지.

　　예　这些老思想在年轻人中没有市场。

　　　　이러한 옛 사고 방식은 젊은 사람들 사이에서 받아들여질 여지가 없다.

适合　shìhé

"合适"와 "适合"의 비교

合适　[형] 잘 맞다.

　　　[예] 这件衣服很合适。옷이 몸에 잘 맞다.

适合　[동] 어울린다.

　　　[예] 这份工作很适合他。이 일은 그에게 잘 어울린다.

实际　shíjì

(1) [명] 실제.

　　[예] 实际情况 실제상황

(2) [형] 실제에 부합되다. 현실적이다. 유의어는 "现实"이다.

　　[예] 他这个人很实际。그는 매우 현실적이다.

湿润　shīrùn

[형] 축축하다. 촉촉하다. 습윤하다. 반대말은 "干燥" 건조하다 이다.

[예] 中国北方气候干燥, 南方气候湿润。

　　중국 북방의 기후는 건조하고 남방의 기후는 습하다.

失望　shīwàng

(1) [동] 실망하다. 희망을 잃다. 흔히 "彻底 철저히"와 함께 사용된다.

　　[예] 这次我彻底失望了。이번에 나는 철저하게 실망했다.

(2) [형] (희망이 이루어지지 않아) 낙담하다. 정도부사의 수식을 받는다.

　　[예] 我很失望。나는 매우 실망했다.

适应　shìyìng

[동] 적응하다. 흔히 "适应环境 환경에 적응하다" "适应生活 생활에 적응하다"의 형태로 나타난다.

[예] 我很快就适应了新的工作环境。나는 새로운 사무환경에 매우 빨리 적응했다.
我很快就适应了中国的留学生活。나는 중국의 유학생활에 매우 빨리 적응했다.

实在　shízài

(1) [부] ① 확실히. 정말. 참으로.

[예] 她实在太漂亮了。그녀는 확실히 아름답다.

② 사실은. 사실상.

[예] 她说她的汉语和中国人一样好, 实在并不是这样。
그녀는 본인이 중국어를 중국사람처럼 잘 한다고 말하고 있지만 사실은 그렇지 않다.

(2) [형] 성실하다. 참되다.

[예] 她是一个实在的人。그녀는 성실한 사람이다.

(3) 물건도 진짜고 가격도 저렴하다는 뜻이다.

[예] 实在的价格 확실한 가격.

收　shōu

[동] 받다. 접수하다. 받아들이다. 흔히 볼 수 있는 조합

① 收邮件 우편물을 받다

② 收短信 메신저를 받다

③ 收信 편지를 받다

④ 收礼物 선물을 받다

반대말은 "发 보내다"이다. 흔히 볼 수 있는 조합 :

　① 发邮件 우편물을 보내다

　② 发短信 메신저를 보내다

受不了　　shòubuliǎo

동　견딜 수 없다. 참을 수 없다. 뒤에 올 수 있는 목적어는 다음과 같다.

　① 受不了 + 사람,

　　예　我真受不了他。나는 그를 정말 참을 수 없다.

　② 受不了 + 명사,

　　예　我最受不了那些规矩。나는 그러한 규정을 제일 참을 수 없다.

　③ 受不了 + 구절,

　　예　我真受不了他整天丢三落四的。

　　　　나는 그가 매일 이것저것 빠뜨리는 것을 정말 참을 수 없다.

受到　　shòudào

동　얻다. 받다. 만나다. 부딪치다

　① 受到…的影响 ～영향을 받다

　② 受到压力 압력을 받다

　③ 受到批评 비평을 받다

　④ 受到迫害 박해를 받다

　⑤ 受到威胁 협박을 받다

　⑥ 受到重视 중시를 받다

收入　　shōurù

(1) 명 수입. 소득, "报酬" "薪水" "工资"와 뜻이 비슷하다.

　　예 他的月收入比我的年收入还多。

　　　그의 한달치 월급은 나의 1년치 월급보다 많다.

(2) 동 받다. 받아들이다. 수록하다. 포함하다,

　　예 他的小说被收入到期刊里。그의 소설은 정기 간행물에 수록되었다.

收拾　　shōushi

(1) 동 정리하다. 정돈하다. 치우다.

　　예 这个周末，我得好好收拾收拾房间。

　　　이번 주말에 나는 집안을 깨끗이 치우려고 한다.

(2) 동 벌을 주다.

　　예 看我怎么收拾你! 너에게 벌을 줄꺼야.두고봐.

(3) 동 고치다. 수리하다.

　　예 师傅，我的自行车又坏了，帮我收拾收拾。

　　　선생님. 제자전거가 또 고장이 났어요. 고쳐주세요.

首先　　shǒuxiān

(1) 부 가장 먼저. 맨 먼저. 우선. 무엇보다 먼저. 동사 앞에 온다.

　　예 放学回家首先写作业。방과후 집에 돌아가면 먼저 숙제를 한다.

(2) 대 첫째(로). 먼저. 흔히 "首先…其次…" "首先…然后…"의 형식으로 출현한다.

　　예 开学典礼上，首先，校长讲话，其次，学生代表讲话。

　　　입학식에서 교장선생님이 먼저 연설하시고 그리고 나서 학생대표의 연설이 있

　　　었다.

输　shū

(1) 图 패하다. 지다. 잃다, 반대말은 "赢 이기다"이다.

　　예 这次比赛我们队输了。이번 시합에서 우리 팀이 졌다.

(2) 图 운송하다. 전송하다.

　　예 西电东输。서쪽의 전기를 동쪽으로 끌어다 쓰다.

顺便　shùnbiàn

부 …하는김에, 흔히 "주어 + 동빈구조, 顺便 + 동빈구조"로 쓰인다.

예 你回家时, 顺便买一瓶牛奶。집에 돌아오는 김에 우유 한 병을 사주세요.

顺利　shùnlì

형 순조롭다. 일이 잘 되어가다.

(1) 서술어로 사용한다.

　　예 这次活动很顺利。이번 활동은 매우 순조로왔다.

(2) 부사어로 사용한다.

　　예 我顺利地通过了这次考试。나는 이번 시험을 순조롭게 통과했다.

说明　shuōmíng

(1) 图 설명하다. 증명하다.

　　예 请你说明一下理由。이유를 한 번 설명해 주세요.

(2) 명 설명

　　예 使用说明 사용설명

硕士　shuòshì

[명] 석사

学士 → 硕士 → 博士　학사 → 석사 → 박사

熟悉　shúxī

(1) [형] 잘 알다. 익숙하다. 생소하지 않다.

　[예] 他俩很熟悉。그들 둘은 서로 잘 안다.

(2) [동] 충분히 알다. (관찰·체험을 통해 상황을) 이해하다.

　[예] 你先熟悉一下我们公司的环境。먼저 우리 회사의 업무 환경을 익히세요.

死　sǐ

(1) [동] 죽다. 생명을 잃다.

　[예] 他被车撞死了。그는 차에 치여 죽었다.

　　　这花死了。이 꽃은 죽었다.

　　　我的心早就死了。나의 이미 단념했다.

(2) "형용사＋死了"

　[예] 我累死了。힘들어 죽겠다.

　　　"동사＋死＋목적어＋了"

　[예] 我爱死你了。나는 당신을 죽도록 사랑한다.

酸　suān

(1) [형] 시다.

　[예] 这个苹果太酸了。이 사과는 너무 시다.

(2) 형 슬프다. 마음이 아프다.

예 你真是让我心酸。당신 때문에 나는 마음이 아프다.

(3) 형 몸이 시큰시큰하다.

예 我累得腰酸背疼。나는 피곤한 나머지 허리가 시큰시큰하고 등이 결렸다.

算　　suàn

(1) 동 계산하다. 흔히 "算一算"의 형태로 출현한다.

예 我们算一算得需要多少钱?

얼마가 필요한지 우리 한번 계산 해보자.

(2) 동 간주하다. …로 인정하다. …라고 여겨지다. …인 셈이다.

예 这衣服不算便宜。이 옷은 저렴한 편이 아닌 셈이다.

(3) 동 추측하다. …라고 생각하다.

예 我算着他这两天要过生日了。

나는 그가 요즈음에 생일을 쉴 것이라고 생각한다.

(4) 동 포함하다. 흔히 "算＋사람"의 형식으로 나타난다.

예 算我, 一共十个人。나를 포함해서 모두 열명이다.

(5) 동 따지지 않다. 더 이상 왈가왈부하지 않다.

예 算了, 你别和我计较了。됐어, 나랑 따지지 말아.

(6) 부 마침내. 흔히 "总算" "算是"의 형식으로 출현한다.

예 我总算通过了ＨＳＫ考试。나는 마침내 ＨＳＫ시험을 통과했다.

随便　　suíbiàn

(1) 부 마음대로. 동사 앞에 위치한다.

예 今天我请客, 你想吃什么, 随便点。

오늘 계산은 내가 할꺼야 뭐가 먹고 싶어? 편하게 마음대로 시켜.

(2) 동 마음대로 하다. 좋을 대로 하다. 제멋대로 하다. 함부로 하다. 편한 대로 하다.
흔히 “随＋人＋的＋便”의 형태로 출현한다. 뿐만 아니라 “随便＋人” 형태
로도 출현한다.

(3) 형 한 사람의 행동거지가 가볍고 장중하지 못함을 나타낸다.

예 他这个人说话很随便。그는 말을 함부로 한다.

抬 | tái

(1) 동 (두 사람 이상이) 맞들다.

예 抬桌子 책상을 들다.

(2) 동 들어올리다.

예 抬手 손을 들다.

讨厌 | tǎoyàn

(1) 동 싫어하다. 혐오하다.

예 我讨厌吃辣的。나는 매운 것을 먹기 싫어한다.

(2) 형 꼴 보기 싫다.

예 他这个人真讨厌。이 사람은 정말 꼴보기 싫다.

挺 | tǐng

(1) 부 매우, 흔히 “挺＋형용사 / 동사＋的”의 형태로 출현한다.

예 他挺帅的。그는 꾀 잘 생겼다.

　　我挺喜欢运动的。나는 운동을 꾀 좋아한다.

(2) 동 (몸 또는 몸의 일부를) 곧추 펴다.

예 你得把腰挺直。허리를 곧게 펴세요.

通过　　tōngguò

(1) 동 (한쪽에서 다른 한쪽으로) 건너가다. 통과하다. 지나가다.

　예 汽车通过了大桥。 차는 대교를 통과했다.

(2) 동 (의안·법안 등이) 법정 가결수의 동의를 거쳐 채택되다.

　예 通过决议 결의를 통과했다

(3) 동 (관계 기관·사람 등의) 동의나 비준을 얻다.

　예 请假得通过领导批准。

　　휴가를 하려거든 상급의 동의를 얻어야 한다.

(4) 개 …을 거쳐. …에 의해. …를 통해.

　예 通过这段时间的努力, 终于取得了好成绩。

　　한 동안의 노력을 거쳐 그는 마침내 좋은 성적을 받았다.

推迟　　tuīchí

동 뒤로 미루다. 늦추다.

(1) 推迟＋시간명사

　예 由于下雨, 本次运动会推迟一周。

　　비가 오므로 이번 체육대회는 한 주 미루었다.

(2) 推迟＋동사

　예 由于下雨, 本次运动会推迟举行。

　　비가 오므로 이번 체육대회는 미루어 거행했다.

脱　　tuō

(1) 동 (몸에서) 벗다. 보어는 "下" "脱下"이다.

　예 把衣服脱下来。 옷을 벗어라.

(2) 동 (머리털·피부 등이) 빠지다. 벗어지다.

예 脱发。머리가 빠지다.

往往　wǎngwǎng

常常과 往往의 구분

往往 : 부 한 동작이 반복해서 나타남을 강조하고 그 중에서도 어떤 규칙성을 강조하므로 필요한 조건과 상황을 반드시 제시하여야 한다. 부정형식으로는 "往往不"이다.

예 失败往往是成功之母。

실패는 왕왕 성공의 어머니이다. (규칙성)

家长和孩子之间的代沟是由于做父母的往往不了解孩子的心理。

가장과 아이 사이의 세대차이는 왕왕 부모로서 아이들의 심리를 잘 이해하지 못하는 데로부터 비롯되었다. (부정형식)

常常 : 부 한 동작이 반복해서 나타남을 강조하고 그 중에서도 동작의 빈도를 강조한다. 부정형식은 "不常"이다.

예 我常常去那家饭店吃饭。

나는 늘 그 식당에 가서 밥을 먹는다. (빈도를 강조한다)

我不常吃辣的。나는 매운 것을 자주 먹지 않는다. (부정형식)

以后我们常常联系啊。

이후로 우리 자주 연락하자. (주관적 희망이나 미래시제)

完全　wánquán

(1) 부 완전히. 뒤에는 형용사나 동사가 올 수 있다.

예 我完全同意你的看法。

나는 당신의 의견에 전적으로 동의한다.

(2) 형 완전하다. 온전하다.

　　예 四肢完全。사지가 온전하다.

文章 ‖‖‖ wézhāng

(1) 명 문장.

(2) 명 모종의 목적을 이루기 위하여 어떤 문제에 있어 뜻밖의 지엽적인 문제를 만들거나. 어떤 주제를 빌어 자신의 새로운 의견을 피력함으로 일의 사태를 확대시킨다.

　　예 他拿此小事大做文章来对付你们。

　　그는 작은 일을 크게 문제 삶아 우리에게 대응했다.

(3) 명 더 깊은 의미를 가리킨다.

　　예 他的话里有文章。그의 말에는 또 다른 의미가 있다.

握手 ‖‖‖ wòshǒu

[이합동사] 악수하다. 손을 잡다. 흔히 "和＋人＋握手" "握＋人＋的手"의 형태로 출현한다. "握"의 보어는 "住"이다.

예 他紧紧地握住我的手, 激动得一句话也说不出来。

그는 나의 손을 꼭 잡고 감격한 나머지 한마디로 하지 못했다.

无论 ‖‖‖ wúlùn

"不管、不论" "不管、不论" 참고.

香 ‖‖‖ xiāng

형 향기롭다.

(1) 향기롭다.

> 예 春天到了, 百花齐放, 香气袭人。
>
> 봄이 오니 온갖 꽃들이 피어나고 향기가 엄습했다.

(2) (음식이)맛있다. 맛이 좋다.

> 예 我妈妈做的饭可香了。어머니가 한 밥은 정말 맛이 좋았다.

(3) 식용이 있어 보임을 가리킨다.

> 예 弟弟吃得可香了。남동생은 음식을 먹을 때 매우 식용이 있어 보인다.

(4) (잠이)달다. 달콤하다.

> 예 昨天晚上, 我睡得可香了。어제 밤에 나는 달콤하게 잤다.

相反 xiāngfǎn

(1) 접 반대로. 거꾸로. 오히려. 도리어.

> 예 虽然这次考试很难, 他不但没有放弃, 相反, 更加努力了。
>
> 이번에 시험이 어렵지만, 그는 포기하지 않았을 뿐만 아니라 더 열심히 했다.

(2) 동 상반되다. 반대되다.

> 예 意见相反 의견이 상반되다

笑话 xiàohua

(1) 명 우스운 이야기.흔히 볼 수 있는 조합 :

> ① 讲笑话 소화(웃기는 이야기)를 들려주다
>
> ② 闹笑话 웃음거리가 되다.
>
> ③ 看笑话 (다른 사람의 남부끄러운 일을)웃음거리로 삼다, 고소해하다.

(2) 동 비웃다. 조소하다.

> 예 你别笑话我。나를 비웃지 말라.

醒　xǐng

(1) 동 잠에서 깨다.

　　예 他醒了。그는 잠에서 깨어났다.

(2) 보어로 "叫＋醒" 형태로 출현한다.

　　예 妈妈每天早上七点准时叫醒我。

　　어머니는 매일 아침 7시 정시에 나를 깨웠다.

兴奋　xīngfèn

(1) 형 (감정을) 불러일으키다,

　　예 听说妈妈要送我生日礼物，我很兴奋。

　　어머니가 나에게 생일 선물을 준다는 말에 나는 매우 흥분했다.

(2) 동 (감정·감각 등을) 불러일으키다.

　　예 既然考试结束了，我们出去兴奋一下吧。

　　시험이 끝났으니 우리 나가서 재미있게 놀자.

修　biànxiū

동 (1) 수리하다. 보수하다.

　　예 师傅，我的自行车坏了，请帮我修一下。

　　선생님, 저의 자전거가 고장이 났는데 저를 도와서 한번 수리해 주십시오.

(2) 장식하다. 꾸미다.

　　예 他呀，一个大男孩，整天不修边幅的。

　　그는 남자아이인데 매일 용모나 옷차림에 신경을 쓰지 않는다.

(3) 건설하다. 건축하다.

　　예 今年，我们家乡开始修路了。 올해 우리 고향은 도로를 닦기 시작했다.

(4) (자르거나 깎아서) 다듬다.

    예 ① 修指甲 손톱을 다듬다   ② 修树枝 가지를 다듬다

养成　yǎngchéng

동 습관이 되다. 길러지다. 목적어로 흔히 "习惯"이 온다.

예 他养成了抽烟的坏习惯。그는 담배를 피우는 안 좋은 습관을 들였다.

严格　yángé

(1) 형 엄격하다. 엄하다.

    예 我的妈妈是一位严格的教师。어머니는 엄한 교사이다.

(2) 동 엄격히 하다. 엄하게 하다.

    예 我们一定得严格考场纪律。우리는 반드시 시험장 규율을 엄격히 해야 한다.

阳光　yángguāng

(1) 명 햇빛. 태양의 빛

    예 今天的阳光真充足。오늘 햇빛은 정말 충분하다.

(2) 명 (비유) 청년이 젊고 활력이 있음을 비유한다.

    예 他是一个阳光大男孩儿。그는 젊고 활력이 넘치는 청년이다.

研究生　yánjiūshēng

명 대학원생. 연구생. 앞에 "考" "读" 등의 동사가 온다.

예 ① 考研究生　대학원 시험에 응시하다

    ② 读研究生　대학원을 다니다

邀请　yāoqǐng

이중목적어동사. 초청하다. 흔히 "邀请 + 谁 + 做什么" 구조로 나타난다.

[예] 这个周末是我的生日, 我邀请朋友们来家里吃饭。

이번 주말이 나의 생일인데 나는 친구들을 우리 집에 초대해서 밥을 먹는다.

因此　yīncǐ

[접] 所以、因而과 뜻이 동일하다. 흔히 "因为A, 所以 주어B" 또는 "由于 A, 所以 / 因此 / 因而 주어 B"의 형태로 나타난다.

硬　yìng

(1) [형] 단단하다. 딱딱하다.

① 의자는 너무 딱딱해서 앉으면 불편하다.

[예] 这把椅子太硬了, 坐起来不舒服。

이 의자는 너무 딱딱해서 앉으면 불편하다.

② (의지. 태도 등이)완강하다. 굽힐 줄 모르다.

[예] 他的态度很强硬。 그의 태도는 매우 강경했다.

③ 한 사람의 전문 기술이 뛰어남을 가리킨다.

[예] 他的基本功很硬。 그는 기본기가 튼튼하다.

(2) [부] 고집스럽게 완강하게. 흔히 "硬 + 不 / 没 + 동사" 형태로 나타난다.

[예] 他硬不承认自己的错误。

그는 본인의 잘못을 완강하게 부인했다.

引起 yǐnqǐ

동 (주의를) 끌다. 야기하다. (사건 등을) 일으키다. 흔히 따르는 목적어 :

(1) 引起＋질병.

예 最近天气突然变冷, 再加上我穿得太少, 所以引起了重感冒。

최근에 날씨가 갑자기 추워진데 내가 옷을 너무 적게 입어 독감에 걸렸다.

(2) 引起＋사건.

예 因为司机酒后驾车, 引起了一场大的交通事故。

기사가 음주 운전을 하여 대형 교통사고를 초래했다.

(3) 引起＋전쟁.

예 因为石油问题, 引起了两个国家的战争。

석유문제는 두 나라간의 전쟁을 초래했다.

(4) 引起＋오해.

예 因为两个人都没有把话说清楚, 所以引起了不必要的误会。

두 사람 모두 확실하게 말을 하지 않아 불필요한 오해를 샀다.

印象 yìnxiàng

명 인상. 흔히 볼 수 있는 조합 :

① 在…的印象中

예 在我的印象中, 他是一个好学生。 내 기억 속에 그는 좋은 학생이었다.

② 谁＋对＋…的印象＋형용사

예 我对北京的印象很好。 나는 북경에 대한 인상이 아주 좋았다.

③ 给＋谁＋留下＋형용사＋的＋印象

예 北京给我留下很深刻的印象。

原来　yuánlái

本来를 참고

咱们　zánmen

대 우리(들).

我们와 咱们의 구분

我们 : 청자를 포함 할 수도 있고 포함하지 않을 수도 있다.

咱们 : 청자를 포함한다.

正好　zhènghǎo

(1) 형 딱 맞다. 꼭 맞다.

　　예 这件衣服大小正好合适。이 옷은 크기는 딱 맞다.

(2) 부 마침. 동사를 수식한다.

　　예 你正好可以帮忙。당신이 마침 도와줄 수 있다.

指　zhǐ

(1) 동 가리키다. 지시하다.

　　예 你说话的时候, 别用手指着别人。

　　　너는 말을 할 때 손가락으로 사람을 가리키지 말아라.

(2) 동 의지하다. 의거하다. 기대하다. 믿다.

　　예 你就知道指儿子过日子。

　　　너는 아들만 믿고 사는 것 밖에 모른다.

支持　　zhīchí

(1) 동 지지하다, 반대말은 "反对(반대하다)"이다.

　예 不管你做出什么选择, 我们永远支持你。

　　　너가 어떤 선택을 하든지 나는 영원히 너를 지지한다.

(2) 동 견디다. 지탱하다.

　예 他已经病入膏肓, 快支持不了了。

　　　그의 병은 더 이상 치료할 수 없는 지경에 이르러 더 이상 견디지 못한다.

值得　　zhídé

동 …할만한 가치가 있다. 뒤에 동사가 온다.

예 他见义勇为的行为, 值得表扬。

　　그의 정의로운 행위는 칭찬할만한 가치가 있다.

直接　　zhíjiē

형 직접적인.

(1) 한 사람의 성격을 가리킬 수 있다.

　예 他是一个直接的人。그는 직설적인 사람이다.

(2) 명사를 수식할 수 있다.

　예 直接关系 직접적인 관계

(3) 동사를 수식할 수 있다.

　예 直接指挥 직접 지휘하다

职业   zhíyè

(1) 명 직업.

예 我的职业是教师。나의 직업은 교사이다.

(2) 형 직업적인. "专业"와 뜻이 같다.

예 我是职业摄影师。나는 직업 촬영사이다.

重点   zhòngdiǎn

(1) 명 중점

예 学习重点 학습 중점

(2) 형 중요한. 주요한.

예 重点工程 주요 프로젝트

(3) 부 중점적으로.

예 重点培养 중점적으로 배양하다

撞   zhuàng

(1) 동 (두 물체가 세게) 부딪치다.

흔히 "撞＋补语＋宾语" 형태로 나타난다. 보어는 "到、倒、伤、死、青、坏"
이다.

예 他酒后驾车, 撞倒一棵大树。

그가 음주 운전을 하여 나무 한 그루를 치어 넘어뜨렸다.

(2) 동 우연히 만나다. 흔히 "撞到"의 형태로 나타난다.

예 我今天早上又撞到他了。나는 오늘 아침에 또 우연히 그를 만났다.

专门　zhuānmén

(1) 형　전문적이다.

　　예　专门摄影师 전문 촬영사

(2) 부　전문적으로. 오로지

　　예　他是专门研究语言的。그는 언어를 전문 연구하는 사람이다.

(3) 부　특별히. 일부러

　　예　我是专门来看你的。나는 특별히 너를 보러 온 것이다.

专业　zhuānyè

(1) 명　전공

　　예　我的专业是汉语言文学。나의 전공은 중어중문학이다.

(2) 형　전문적인. 반대말은 "业余(아마추어)"이다.

　　예　他是一名专业摄影师。그는 전문 촬영사이다.

祝贺　zhùhè

祝贺、庆祝、祝愿의 구분

庆祝 : 동　좋은 일을 위해 어떤 활동을 진행함으로 기념하고 기쁨을 표시함을 가리킨다.

祝贺 : 동　축하하다. 흔히 볼 수 있는 조합 : 성공한 일에 대해 축하를 표시하다.

　　　 명　축하.

　　　　①接受祝贺 축하를 받다　　②表示祝贺 축하를 표시하다

祝愿 : 동　축원하다. 빌다. 아직 성공하지 않은 일에 대해 축원하다.

逐渐   zhújiàn

[부] 점점. 점차. "渐渐"과 뜻이 같다. 동사나 형용사 앞에 위치한다.

[예] 天气逐渐冷起来了。 날씨는 점점 추워져 갔다.

自然   zìrán

(1) [명] 자연

  [예] 大自然是最美的。 대자연이 제일 아름다운 것이다.

(2) [형] 어색하지 않고. 경직되지 않다. 이때 '然'은 경성이다.

  [예] 他是初次演出，但是演得挺自然的。

    처음 공연하는 거였지만 그는 꽤 자연스러웠다.

(3) [부] 당연하다.

  [예] 只要认真学习，自然就会取得好成绩。

    열심히 공부한다면 당연히 좋은 성적을 얻을 수 있다.

仔细   zǐxì

(1) [형] 세심하다. 꼼꼼하다.

  [예] 他是一个仔细的人。 그는 세심한 사람이다.

(2) [형] 조심하다. 주의하다.

  [예] 下雨天，开车仔细点儿。

    비가 오는 날에는 운전할 때 조심해야 한다.

(3) [형] 절약하다. 아껴 쓰다.

  [예] 我妈妈过日子可仔细了。 엄마는 살림살이를 할 때 매우 절약한다.

嘴　zuǐ

명 입, "嘴"과 관련된 단어조합 :

① 闭嘴 입을 다물다

② 张嘴 입을 벌리다

③ 嘴叼 입이 짧다

④ 嘴壮 입이 걸다

⑤ 嘴浅 입이 가볍다

⑥ 嘴严 입이 무겁다

⑦ 嘴甜 말을 잘하다

⑧ 嘴笨 말을 잘하지 못한다

⑨ 零嘴 간식

⑩ 插嘴 말참견하다

⑪ 多嘴 쓸데없는 말을 하다

⑫ 偷嘴 훔쳐 먹다

最好　zuìhǎo

(1) **형** 가장[제일] 좋다.

(2) **부** 제일 좋기는. …하는 게 제일 좋다. 동사 앞에 위치한다.

　예 你最好别去。제일 좋기는 당신이 가지 않는 것이다.

尊重　zūnzhòng

(1) **동** 존경하다. 흔히 "尊重＋人"의 형식으로 출현한다. 흔히 볼 수 있는 조합 :

① 尊重丈夫 남편을 존중하다　② 尊重妻子 아내를 존중하다

③ 尊重对手 상대방을 존중하다　④ 尊重父母 부모를 존경하다

(2) **동** 존중하다. 중시하다. 엄숙하게 대하다. "尊重＋추상명사"의 형태로 출현한다. 흔히 볼 수 있는 조합 :

① 尊重历史 역사를 존중하다　② 尊重事实 현실을 존중하다

③ 尊重隐私权 프라이버시를 존중하다

(3) **형** (행위가) 장중하다. 정중하다.

　예 请你的行为尊重一点! 행동을 신중히 하세요.

座　zuò

[양] 규모가 크고 고정된 물체의 양사, 흔히 볼 수 있는 조합 :

① 一座楼 아파트 한 채　　② 一座桥 다리 한 개

③ 一座山 산 하나　　④ 一座城市 도시 하나

组织　zǔzhī

(1) **[명]** 조직

(2) 이중목적어동사. 조직하다. 흔히 "组织＋谁＋做什么"의 구조로 나타난다.

[예] 老师组织我们去春游。선생님을 우리를 조직하여 봄소풍을 갔다.

按照 ànzhào 동 …에 따르다 개 …에 의해

报道 bàodào 명 보도 동 보도하다

保护 bǎohù 명 보호 동 보호하다

包括 bāokuò 동 포함하다

报名 booming 동 신청하다

倍 bèi 양 배

笨 bèn 형 멍청하다, 우둔하다, 어리석다

表格 biǎogé 명 표

表扬 biǎoyáng 동 칭찬하다

标准 biāozhǔn 명 표준, 기준

笔记本 bǐjìběn 명 노트, 노트 북

饼干 bǐnggān 명 과자

并且 bìngqiě 접 게다가

博士 bóshì 명 박사

不得不 bùdébù 부 어쩔 수 없이

部分 bùfen 명 부분

猜 cāi 동 추측하다, 알아맞히다

材料 cáiliào 명 재료

堵车 dǔchē 동 교통이 꽉 막히다

对 duì 형 맞다

对话 duìhuà 동 대화하다

对面 duìmiàn 명 맞은편

顿 dùn 양 한 끼

朵 duǒ 양 송이

肚 dùzi 명 배

而 ér 접 그리고

儿童 értóng 명 아동

参观 cānguān 동 참석하다

法律 fǎlù 명 법귤

方法 fāngfǎ 명 방법

反对 fǎnduì 동 반대하다

方面 fāngmiàn 명 방면

放暑假 fàngshǔjià 여름방학을 하다

访问 fǎngwèn 동 방문하다

方向 fāngxiàng 명 방향

烦恼 fánnǎo 형 번뇌하다

范围 fànwéi 명 범위

翻译 fānyì 동 번역하다

反映 fǎnyìng 동 반영하다

发生 fāshēng 동 발생하다

发展 fānzhǎn 동 발전하다

份 fèn 양

丰 fēngfù 형 풍부하다

风景 fēngjǐng 명 경치

分之 fēnzhī …분의…

否则 fǒuzé 접 만약 그렇지 않으면.

富 fù 형 부유하다

符合 fúhé 동 부합하다

父亲 fùqīn 명 부친

复印 fùyìn 동 복사하다

复杂 fùzá 형 복잡하다

负责 fùzé 동 책임하다

改变 gǎibiàn 동 변화하다

干 gān 형 건조하다
干杯 gānbēi 동 건배하다
感动 gǎndòng 동 감동하다
刚刚 gānggāng 명 지금 막
感觉 gǎnjué 동 여기다, 생각하다
感情 gǎnqíng 명 감정
感谢 gǎnxiè 동 감사하다
干燥 gānzào 형 건조하다
高级 gāojí 형 고급인
各 gè 각
个子 gèzi 명 키
工具 gōngjù 명 도구
公里 gōnglǐ 명 킬로미터
共同 gòngtóng 형 공동의
工资 gōngzī 명 월급
够 gòu 부 꽤
购物 gòuwù 동 쇼핑하다
挂 guà 동 걸다
逛 guàng 동 돌아다니다
广播 guǎngbō 동 방송하다
广告 guǎnggào 명 광고
关键 guānjiàn 형 매우 중요한
管理 guǎnlǐ 동 관리하다
观众 guānzhòng 명 관중
孤单 gūdān 형 외롭다
规定 guīdìng 동 규정하다
估计 gūjì 동 추측하다, 하다

顾客 gùkè 명 고객
鼓励 gǔlì 동 격려하다
过程 guòchéng 명 과정
国际 guójì 명 국제
故意 gùyì 부 일부러
海洋 hǎiyáng 명 해양
寒假 hánjià 명 겨울 방학
号码 hàomǎ 명 번호
合格 hégé 동 합격
盒子 hézi 명 작은 상자
厚 hòu 형 두껍다
猴 hóuzi 명 원숭이
怀疑 huáiyí 동 의심하다
获得 huòdé 동 얻다
活动 huódòng 명 활동
活泼 huópo 형 활발하다
护士 hùshi 명 간호사
假 jiǎ 형 거짓의
价格 jiàgé 명 가격
家具 jiājù 명 가구
减肥 jiǎnféi 동 살을 빼다
奖金 jiǎngjīn 명 보너스
教授 jiàoshòu 명 교수님
加油站 jiāyóuzhàn 명 주유소
激动 jīdòng 형 충동적이다
解释 jiěshì 동 해석하다
接受 jiēshòu 동 받아들이다

集合 jíhé 동 집합하다

计划 jìhuà 동 계획하다

积极 jījí 형 열정적인

积累 jīlěi 동 쌓이다

精彩 jīngcǎi 형 뛰어나다, 멋지다

警察 jǐngchá 명 경찰하다

经济 jīngjì 명 경제

京剧 jīngjù 명 경극

竟然 jìngrán 부 뜻밖에

精神 jīngshén 명 정신

镜子 jìngzi 명 거울, 안경

进行 jìnxíng 동 진행하다

禁止 jìnzhǐ 동 금지하다

极其 jíqí 부 아주, 몹시

及时 jíshí 부 즉시

技术 jìshù 명 기술

记者 jìzhě 명 기사

考虑 kǎolǜ 동 고려하다

可怜 kělián 형 가련하다, 불쌍하다

可是 kěshì 접 하지만

咳嗽 késou 동 기침하다

可惜 kěxī 형 아쉽다

科学 kēxué 명 과학

空气 kōngqì 명 공기

苦 kǔ 형 쓰다

宽 kuān 형 넓다

困 kùn 형 졸리다

困难 kùnnán 명 어려움

扩大 kuòdà 동 확대하다

辣 là 형 맵다

垃圾 lājītǒng 명 쓰레기 통

懒 lǎn 형 게으르다

浪费 làngfèi 동 낭비하다

老虎 lǎohǔ 명 호랑이

俩 liǎ 수 두

联系 liánxì 동 연락하다

聊天 liáotiān 동 이야기를 하다

理发 lǐfà 동 이발하다

礼貌 lǐmào 형 예의바르다

力气 lìqi 명 힘

例如 lìrú 동 예를 들면

留 liú 동 보류하다

流泪 liúlèi 동 눈물을 흐리다

流利 liúlì 형 유창하다

流行 liúxíng 동 유행이다

留学 liúxué 동 유학하다

理想 lǐxiǎng 명 이상

律师 lǜshī 명 변호사

毛巾 máojīn 명 수건

美丽 měilì 형 아름답다

梦 mèng 명 꿈

免费 miǎnfèi 동 무료로 하다

密码 mìmǎ 명 비밀

民族 mínzú 명 민족

目的 mùdì 명 목적	缺点 quēdiǎn 명 결점, 단점
母亲 mǔqīn 명 모친	缺少 quēshǎo 동 부족하다
内容 nèiróng 명 내용	然而 rán'ér 접 그러나
年龄 niánlíng 명 연령	扔 rēng 동 버리다
农村 nóngcūn 명 농촌	仍然 réngrán 부 여전히
排列 páiliè 동 배열하다	任何 rènhé 대 어떠한, 무슨
陪 péi 동 동반하다	人民币 rénmínbì 명 런민비, 인민폐
篇 piān 양 편, 장	任务 rènwu 명 임무, 책임
骗 piàn 동 속이다	日记 rìjì 명 일기, 일지
皮肤 pífū 명 피부	入口 rùkǒu 명 입구
乒乓球 pīngpāngqiú 명 탁구	散步 sànbù 동 산책하다
平时 píngshí 명 평소, 평상시, 보통 때	森林 sēnlín 명 삼림, 숲, 산림
瓶子 píngzi 명 병	沙发 shāfā 명 소파
批评 pīpíng 동 비판하다	商量 shāngliang 동 상의하다, 의논하다
普遍 pǔbiàn 형 보편적인	伤心 shāngxīn 형 상심하다, 슬퍼하다
墙 qiáng 명 벽	稍微 shāowēi 부 조금, 약간, 다소
签证 qiānzhèng 명 비자	社会 shèhuì 명 사회
敲 qiāo 동 치다	剩 shèng 동 남다, 남기다
桥 qiáo 명 다리, 교량	省 shěng 동 아끼다, 절약하다
巧克力 qiǎokèlì 명 초콜릿	生命 shēngmìng 명 생명, 목숨
其次 qícì 대 그 다음	申请 shēnqǐng 동 신청하다
情况 qíngkuàng 명 상황	甚至 shènzhì 부 심지어
亲戚 qīnqi 명 친척	试 shì 동 시험삼아해보다, 시행하다
穷 qióng 형 빈곤하다, 가난하다	失败 shībài 동 (일이나 사업을) 실패하다
其中 qízhōng 대 그 중에, 그 안에	十分 shífēn 부 아주
取 qǔ 동 가지다. 취하다.	师傅 shīfu 명 기예·기능을 가진 사람에
区别 qūbié 명 동 구별(하다)	대한 존칭

世纪　shìjì　[명] 세기

食品　shípǐn　[명] (상품으로서의) 식품

使用　shǐyòng　[명] 사용하다, 쓰다

狮子　shīzi　[명] 사자

首都　shǒudū　[명] 수도

售货员　shòuhuòyuán　[명] 판매원, 점원

帅　shuài　[형] 잘생기다

数量　shùliàng　[명] 수량, 양, 수효

顺序　shùnxù　[명] 순서

数字　shùzì　[명] 숫자

速度　sùdù　[명] 속도

塑料袋　sùliàodài　[명] 비닐봉지

孙子　sūnzi　[명] 손자

所有　suǒyǒu　[형] 모든, 전부의

台　tái　[양] (기계·차량·설비 등을 세는) 대

态度　tàidu　[명] 태도

谈　tán　[동] 말하다, 이야기하다, 토론하다

汤　tāng　[명] 국물

躺　tǎng　[동] 눕다, 드러눕다

趟　tàng　[양] 번 [왕래한 횟수를 세는 데 쓰임]

弹钢琴　tángāngqín　[동] 피아노를 치다

讨论　tǎolùn　[동] 토론하다

特点　tèdiǎn　[명] 특징, 특색

填空　tiánkòng　[동] 빈 칸에 써 넣다

条件　tiáojiàn　[명] 조건

提供　tígòng　[동] 제공하다

停止　tíngzhǐ　[동] 멈추다

提前　tíqián　[동] 앞당기다

提醒　tíxǐng　[동] 일깨우다

推　tuī　[동] 밀다

同情　tóngqíng　[동] 동정하다

通知　tōngzhī　[동] 통지하다

往　wǎng　[개] …쪽으로

网球　wǎngqiú　[명] 테니스

网站　wǎngzhàn　[명] (인터넷) 웹사이트

袜子　wàzi　[명] 양말, 스타킹

味道　wèidào　[명] 맛

危险　wēixiǎn　[명][형] 위험 (하다)

温度　wēntù　[명] 온도

无　wú　[동] 없다

误会　wùhuì　[명][형] 오해 (하다)

无聊　wúliáo　[형] 지루하다

污染　wūrǎn　[동] 오염시키다

咸　xián　[형] 짜다

现代　xiàndài　[명] 현대

响　xiǎng　[동] 소리가 나다, 울리다

详细　xiángxì　[형] 상세하다, 자세하다

羡慕　xiànmù　[동] 부러워하다

限制　xiànzhì　[명][동] 제한(하다)

效果　rúguǒ　[명] 효과

小说　xiǎoshuō　[명] 소설

消息　xiāoxi　[명] 소식, 정보

西红柿　xīhóngshì　[명] 토마토

行 xíng 동 좋다, …해도 좋다

性别 xìngbié 명 성별

性格 xìnggé 명 성격

辛苦 xīnkǔ 형 고생스럽다

心情 xīnqíng 명 심정, 감정

信任 xìnrèn 동 신임하다, 신뢰하다

信心 xìnxīn 명 자신(감)

信用卡 xìnyòngkǎ 명 신용 카드

洗衣机 xǐyījī 명 세탁기

吸引 xīyǐn 동 흡인하다

许多 xǔduō 형 매우 많다

血 xuè 명 피, 혈액

牙膏 yágāo 명 치약

压力 yālì 명 압력, 스트레스

盐 yán 명 소금, 식염

演出 yǎnchū 명 동 공연(하다)

样子 yàngzi 명 모양, 모습

演员 yǎnyuán 명 배우, 연기자

严重 yánzhòng 형 심각하다

钥匙 yàoshi 명 열쇠

亚洲 yàzhōu 명 아시아주

页 yè 명 (책의) 쪽, 면

也许 yěxǔ 부 어쩌면, 아마도

叶 yèzi 명 잎, 잎사귀

以 yǐ 개 …(으)로(써)

亿 yì 수 억

意见 yìjiàn 명 의견, 불만, 반대

赢 yíng 동 이기다

饮料 yǐnliào 명 음료

一切 yíqiè 대 일체, 전부, 모든

艺术 yìshù 명 예술 형 예술적이다

勇敢 yǒnggǎn 형 용감하다

永远 yǒngyuǎn 부 영원히

由 yóu 개 …(으)로부터, …에서

优点 yōudiǎn 명 장점

友好 yǒuhǎo 형 우호적이다

幽默 yōumò 형 유머

尤其 yóuqí 부 특히

有趣 yǒuqù 형 재미있다

优秀 yōuxiù 형 우수하다

友谊 yǒuyì 명 우의, 우정

由于 yóuyú 개 …때문에

与 yǔ …와[과]

圆 yuán 형 둥글다

原谅 yuánliàng 동 양해하다

原因 yuányīn 명 원인

阅读 yuèdú 동 열독하다

约会 yuēhuì 동 만날 약속을 하다
명 약속

语法 yǔfǎ 명 어법, 말법

愉快 yúkuài 형 기쁘다, 유쾌하다

羽毛球 yǔmáoqiú 명 배드민턴

允许 yǔnxǔ 동 동의하다, 허가하다

于是 yúshì 접 그래서

预习 yùxí 동 예습하다

语言 yǔyán 명 언어

脏 zāng 형 더럽다, 불결하다

暂时 zànshí 명 잠깐, 잠시, 일시

杂志 zázhì 명 잡지

增加 zēngjiā 동 증가하다

增长 zēngzhǎng 동 증가하다, 늘리다

责任 zérèn 명 책임

窄 zhǎi 형 좁다

招聘 zhāopìn 동 (공모의 방식으로) 모집하다

正常 zhèngcháng 형 정상적인

整理 zhěnglǐ 동 정리하다

证明 zhèngmíng 동 증명하다 명 증명

整齐 zhěngqí 형 단정하다, 깔끔하다

正确 zhèngquè 형 정확하다

正式 zhèngshì 형 정식의

真正 zhēnzhèng 형 진정한

只 zhǐ 부 단지, 다만

只好 zhǐhǎo 부 할 수 없이

质量 zhìliàng 명 품질

至少 zhìshǎo 부 최소한

知识 zhīshi 명 지식

植物 zhíwù 명 식물

只要 zhǐyào 접 해야만

制造 zhìzào 동 제조하다

重视 zhòngshì 동 중시하다

中文 zhōngwén 명 중국어

周围 zhōuwéi 명 주위, 주변

猪 zhū 명 돼지

赚 zhuàn 동 벌다

主动 zhǔdòng 형 주동적인

著名 zhùmíng 형 저명하다

准时 zhǔnshí 부 정시에

主意 zhǔyi 명 방법, 아이디어, 의견

总结 zǒngjié 명 동 총괄(하다)

租 zū 동 세내다

组成 zǔchéng 명 동 구성(하다)

做生意 zuòshēngyi 동 장사를 하다

座位 zuòwèi 명 좌석

作者 zuòzhě 명 저자

5 HSK 五级

安慰　ānwèi

(1) 형 마음에 위로가 되다. 위로를 얻다. "安慰"는 형용사이지만 앞에 동사가 올 수 있다. 흔히 볼 수 있는 조합 :

　① 得到安慰 위로를 받다

　② 受到安慰 위로를 얻다

　③ 感到安慰 위로를 느끼다

(2) 동 위로하다. 뒤에 직접 "人"을 붙일 수 있다.

　예 考试没考好, 老师温柔地安慰他。

　그가 시험을 잘 보지 못해서 선생님이 부드럽게 위로해주었다.

摆　bǎi

(1) 동 흔들다.

　예 小狗站在门口一直摆尾巴。

　강아지는 문 입구에 서서 계속 꼬리를 흔들었다.

(2) 동 배열하다. 뒤에는 구체적인 명사가 온다.

　예 书架上摆着很多书。 책꽂이에는 많은 책이 배열되어 있다.

(3) 동 뽐내다.

　예 她就喜欢摆老资格。

　그는 꼭 선임 티를 내기 좋아한다.

(4) 동 열거하다, 늘어놓다. 뒤에는 추상명사가 온다.

　예 摆事实, 讲道理。 사실을 열거하고 이치를 따지다.

薄　　báo

형 (1) 얇다.

　　예 这本书很薄。이 책을 매우 얇다.

(2) (감정이) 냉담하다. 야박하다.

　　예 他们的交情很薄。그들의 교분은 매우 얕다.

(3) 자주 쓰이는 관용어

　　① 脸皮薄 : 낯가죽이 얇다. 수줍음을 잘 타다.

　　② 家底不薄 : 집안의 경제력이나 배경이 상당하다.

宝贝　　bǎobèi

(1) 명 “” 귀염둥이.

(2) 명 보물.

(3) 동 (끔찍이) 귀여워하다. 좋아하다.

　　예 这是爸爸最宝贝的花瓶。

　　이것은 아버지가 제일 좋아하는 꽃병이다.

保持　　bǎichí

保持、坚持、维持의 구분

保持 : 이미 좋은 상태까지 이르렀고, 지금은 현재 상태만 지속적으로 유지하는 것을 말하다.

坚持 : 어떤 태도나 주장 등을 비교적 어려운 상황 속에서도 장시간 동안 변함없이 가지고 있음을 뜻한다.

维持 : 지금의 상태가 그다지 좋지 않지만 더 악화되지 않도록 유지한다.

保存　　bǎocún

保存、保留의 구분

保存　동　보존하다. 뒤에는 구체적인 명사가 온다.

①保存文件 서류를 보존하다　②保存材料 자료를 보존하다

保留 : 동　(1) 보존하다. 뒤에 추상명사가 온다.

예　保留文化遗产。문화유산을 보존한다.

(2) 남기다.

(3) 보류하다, 유보하다.

예　有些问题现在不解决也不处理, 暂时保留下来。

어떤 문제는 지금 해결하지도 처리하지도 않고, 잠시 보류한다.

宝贵　　bǎoguì

(1) 형　귀중한. 소중한

예　这是一本非常宝贵的书籍。이 책은 매우 귀중한 서적이다.

(2) 동　소중히 여기다.

예　我宝贵我的每一分一秒。나는 나의 1분 1초를 소중히 여긴다.

包含　　bāohán

包含 包括의 구분

包含 : 동　포함하다. 목적어는 추상명상이다. 흔히 볼 수 있는 조합 :

①包含意义　의의를 포함하다

②包含意思　의미를 포함하다

③包含思想　사상을 포함하다

④包含内容　내용을 포함하다

包括 동 포함하다. 포괄하다. 흔히 볼 수 있는 조합 :

　　① 包括人 사람을 포함하다

　　② 包括部分 부분을 포함하다

　　③ 包括事物 사물을 포함하다

保留 bǎoliú

동 보류하다.

"保存"을 참고하시오.

保险 bǎoxiǎn

(1) 명 보험.

　　예 加入保险 보험에 가입하다

(2) 형 안전하다.

　　예 还是把钱放在银行比较保险。돈은 역시 은행에 저축하는 편이 안전하다.

把握 bǎwò

把握、掌握의 구분

把握 : (1) 동 잡다.

　　　(2) 동 (추상적인 사물을)파악하다. 장악하다.

　　　　　예 ① 把握时间 시간을 장악하다

　　　　　　　② 把握方向 방향을 장악하다

　　　　　　　③ 把握机会 기회를 장악하다

　　　　　　　④ 把握重点 중점을 파악하다

(3) 명 자신. 믿음.

　예 你有把握吗? 너 자신 있어?

掌握 : (1) 동 (추상적인 사물을)정복하다. 파악하다.

　예 ① 掌握知识 지식을 파악하다

　　　② 掌握外语 외국어를 정복하다

　　　③ 掌握技术 기술을 파악하다

　　　④ 掌握理论 이론을 파악하다

　　　⑤ 掌握原则 원칙을 파악하다

　　　⑥ 掌握规律 규율을 파악하다

　　　⑦ 掌握情况 상황을 파악하다

　(2) 동 (추상적인 사물을) 장악하다. 지배하다.

　예 ① 掌握政权 정권을 장악하다

　　　② 掌握主动权 주도권을 장악하다

　　　③ 掌握权力 권력을 지배하다

　　　④ 掌握优势 우세를 장악하다

　　　⑤ 掌握命运 운명을 지배하다

背　　　bèi

(1) 명 등.

　예 搓背 등을 밀다

(2) 동 등지다.

　예 这房子背光。이 집은 빛을 등졌다.

(3) 동 외우다.

　예 背课文。본문을 외우다.

(4) 형 재수가 없다. 운이 나쁘다.

  예 今天一出门，就丢了一百元，真背。

  집을 나서자마자 100웬을 잃은 것을 보니 오늘은 운이 그리 좋지 않다.

(5) 형 귀가 어둡다.

  예 爷爷年纪大了耳朵背了。할아버지는 연세가 있으셔서 귀가 어둡다.

(6) 동 숨다. 피하다. 목적어는 흔히 사람일 때가 많다.

  예 这事很正常，不用背人。

  이 일은 당연한 일이어서 사람들을 속일 필요는 없다.

背景　bèijǐng

(1) 명 (주요 관찰 물체의) 뒷 배경 (장소、 물체 등).

  예 这部电影的背景很好看。이 영화의 배경은 매우 아름답다.

  这张照片的背景画面很漂亮。이 사진의 뒷 배경은 매우 아름답다.

(2) 명 (역사적 또는 사회적)배경. 흔히 볼 수 있는 조합 :

  ① 历史背景 역사배경　　　　　② 政治背景 정치배경

(3) 명 배후(세력). 백그라운드.

  예 他没有什么背景，一直靠着自己的努力，取得了今天这样的成就。

  그는 아무런 배후 세력 없이， 지금까지 본인의 노력만으로 오늘의 성과를 거두었다.

本领　běnlǐng

명 능력, 수완, 재능 자주 쓰이는 단어조합 :

  ① 有本领 능력이 있다

  ② 本领不凡 재주가 비범하다

  ③ 看家本领 비장의 솜씨

编辑　biānji

(1) 동 편집하다.

　　예 在公司里，我负责编辑报刊。회사에서 나는 신문 편집 담당이다.

(2) 명 편집자.

　　예 我是一名编辑。나는 편집자이다.

表面　biǎomiàn

(1) 명 표면. 겉. 외관.

　　예 这个手机的表面很漂亮。이 휴대폰의 외관은 매우 아름답다.

(2) 명 (사물의) 비본질적인 부분. 외재적인 현상.

　　예 你不要被表面现象所蒙蔽。너는 외재적인 현상에 속지 말라.

表明　biǎomíng

동 분명하게 밝히다, 표명하다. 자주 쓰이는 단어조합 :

　　① 表明观点　관점을 밝히다

　　② 表明立场　입장을 밝히다

　　③ 表明态度　태도를 밝히다

表现　biǎoxiàn

(1) 명 태도 품행.

　　예 这个学生在学校的表现很好。이 학생의 학교에서의 품행을 아주 좋다.

(2) 명 표현.

　　예 这个句子的表现形式有问题。이 문장의 표현방식에는 문제가 있다.

(3) 동 나타내다. 표현하다.

예 这件事情的影响表现在各个方面。

이 일의 영향은 여러 방면에서 나타났다.

(4) 동 과시하다.

예 他总是喜欢在公共场所表现自己。

그는 늘 공공장소에서 자신을 과시하기를 좋아한다.

彼此　　bǐcǐ

(1) 대 피차. 서로.

예 我们彼此应该互相照顾。우리는 서로 보살펴야 한다.

(2) 대 서로 마찬가지입니다. (인사말로, 흔히 중첩하여 대답하는 말로 쓰임)

예 A : "您辛苦了! 고생하셨어요!"

B : "彼此彼此! 서로 마찬가지죠!"

避免　　bìmiǎn

동 피하다. (모)면하다. 뒤에 부정적 색채를 띤 단어가 온다.

예 我要把每天的计划都记下来, 避免忘记。

나는 매일의 계획을 잊어버리는 것을 방지하기 위하여 모두 기록하려고 한다.

必然　　bìrán

(1) 명 필연.

예 必然结果 필연 결과.

(2) 형 필연적이다.

예 这是必然的。이것은 필연적이다.

(3) 〔부〕 분명히. 반드시.

예 他必然会来。 그는 반드시 올 것이다.

必要 ｜｜｜｜ bìyào

(1) 〔형〕 필요하다. 없어서는 안 되다.

예 这是必要的条件。 이것은 없어서는 안 될 조건이다.

(2) 〔명〕 필요(성).

예 这样做根本没有必要。 이렇게 할 필요가 전혀 없다.

不得了 ｜｜｜｜ bùdéliǎo

(1) 〔형〕 큰일 났다.

예 不得了了, 那边着火了。 큰일 났어요, 저쪽에 불이 났어요.

(2) 〔형〕 대단하다.

예 这个孩子真不得了, 5岁就能说一口流利的汉语。

이 아이는 정말 대단해, 5살인데 벌써 중국어를 아주 유창하게 할 수 있어.

(3) 〔형〕 (정도가) 심하다.

예 真是不得了, 你这么小就学会说谎了。

이렇게 어린데 벌써 거짓말을 할 줄 알다니 너는 정말 심하다.

不如 ｜｜｜｜ bùrú

(1) 〔접〕 흔히 “与其A, 不如B”. ‘A와 비교해보니, B가 더 좋다’ 의 형식으로 나타난다.

예 与其学习日语, 不如学习汉语。

일본어를 배우는 것 보다는 중국어를 배우는 것이 낫다.

(2) 🔵부 제안을 나타낸다. '이렇게 하는 것이 좋다' 는 뜻이다.

　　🔵예 雨已经停了, 不如我们现在就快点儿出发吧。

　　　　비가 이미 그쳤으니 우리 지금 빨리 출발하자.

(3) 🔵동 …만 못하다.

　　🔵예 百闻不如一见。백 번 듣는 것 보다 한번 보는 것이 낫다.

不要紧　　bùyàojǐn

(1) 🔵형 괜찮다.

　　🔵예 A："对不起! 我迟到了! 미안해요! 제가 지각했어요!"

　　　　B："不要紧! 괜찮아요!"

(2) 🔵형 중요하지 않다. 문제가 될 것이 없다.

　　🔵예 小孩子哭两声, 不要紧。

　　　　아이가 두어 번 우는 것은 그다지 문제가 될 것이 없다.

不足　　bùzú

(1) 🔵동 부족하다. (일정한 숫자에)이르지 못하다.

　　🔵예 这个学校很小, 在校学生还不足5000人。

　　　　이 학교는 아주 작아서, 재학생이 5000명도 채 안 된다.

(2) 🔵형 부족하다. 충분하지 않다.

　　🔵예 准备不足。준비가 충분하지 않다.

踩　　cǎi

🔵동 밟다. 자주 쓰이는 표현 방식 : "踩＋到＋목적어"

🔵예 你踩到我了。네가 나를 밟았어.

采访　căifăng

(1) 동 인터뷰하다.

　예 记者采访了那位著名的教授。

　　기자는 그 유명한 교수를 인터뷰했다.

(2) 명 인터뷰.

　예 我接受了那位记者的采访。 나는 그 기자의 인터뷰를 받았다.

拆　chāi

(1) 동 (붙여놓은 것을)뜯다. 떼어 놓다.

　예 快把这封信拆开。 어서 이 편지를 뜯어라.

(2) 동 헐다. 부수다.

　예 拆房子。 집을 헐다.

长途　chángtú

(1) 명 장거리 버스.

　예 坐长途公共汽车。 장거리버스를 타다.

(2) 명 장거리 전화.

　예 打长途电话。 장거리 전화를 걸다.

抄　chāo

동 베끼다. 베껴 쓰다. 흔히 방향보어 "下来" 함께 쓰인다.

예 把黑板上的字抄下来。 칠판에 있는 글을 베끼세요.

자주 쓰는 관용어 打小抄 : 커닝하다.

朝 cháo

(1) 게 …을[를] 향하여. …쪽으로.

예 车朝北开去。차는 북쪽을 향하여 갔다.

(2) 동 …을[를] 마주하다. …(으)로 향하다.

예 脸朝西。얼굴은 서쪽을 향하다.

炒 chǎo

(1) 동 (기름 따위로) 볶다.

예 中国人喜欢吃炒菜。중국 사람들은 볶음요리를 좋아한다.

(2) 동 (대대적으로) 부풀려 선전 광고를 하다.

예 这本书炒得很火，是今年的畅销书。

이 책은 대대적으로 부풀려 선전 광고를 하고 있는데, 올해의 베스트셀러이다.

叉子 chāzi

(1) 명 포크.

예 我不习惯用叉子。나는 포크 쓰는 거에 익숙하지 않다.

(2) 명 (틀림, 삭제 등을 표기하는) ‘×’표.

예 他的作业本上全部是叉子。

그의 숙제 책에는 온통 ‘×’표이다.

乘 chéng

(1) 동 (교통 수단 · 가축 등에) 타다.

예 乘飞机 비행기를 타다.

(2) 동 [수학] 곱하다. 곱셈하다.

    예 六乘三得十八。6곱하기 3하면 18이다.

称呼 | chēnghu

(1) 명 (인간 관계상의) 호칭.

    예 "诗圣"是中国人对诗人杜甫的称呼。

    "시성"은 중국사람들이 시인 두보에 대한 호칭이다.

(2) 동 …라고 부르다.

    예 我应该怎样称呼您? 당신을 뭐라고 불러야 합니까?

成就 | chéngjiù

(1) 명 성취.

    예 能说一口流利的汉语是我最大的成就。

    중국어를 유창하게 할 수 있게 된 것은 나에게 있어서 제일 큰 성취이다.

(2) 동 이루다.

    예 父母的付出成就了今天的我。

    부모님의 노력이 오늘의 나를 만들었다.

成立 | chénglì

(1) 동 (조직, 기구 등을) 창립하다.

    예 新中国于1949年成立了。신중국은 1949년에 창립되었다.

(2) 형 (의견, 이론 등이) 성립되다.

    예 你的观点是成立的。너의 관점은 성립된다.

承认 chéngrèn

(1) 동 (본인의 잘못, 문제, 결점 등을)승인하다. 인정하다.

예 我承认这次的失败是我的问题。

나는 이번의 실패가 나의 문제임을 인정한다.

(2) 동 (상대방의 장점 등을) 인정하다.

예 我承认他的能力。나는 그의 능력을 인정한다.

承受 chéngshòu

동 받아들이다. 감당하다. 목적어는 흔히 부정적인 의미를 갖는 단어를 갖는다.

① 承受压力 스트레스를 받아들이다

② 承受痛苦 고통을 받아들이다

程序 chéngxù

(1) 명 순서, 절차.

예 工作程序 일의 순서.

(2) 명 컴퓨터 프로그램.

沉默 chénmò

(1) 형 과묵하다.

예 他平时沉默少言的, 但是今天却滔滔不绝。

그는 평소에 과묵하다가 오늘은 말이 끝이 없다.

(2) 동 침묵하다. 말을 하지 않다. 목적어는 수량사이다.

예 我只是沉默一下而已。나는 잠깐 말을 하지 않았을 뿐이다.

吃亏　　chīkuī

(1) 동 손해를 보다.

　　예 我们都不想做吃亏的买卖。 우리는 모두 손해 보는 장사를 하기 싫어한다.

(2) 동 (어떤 면에서) 조건이 불리하다. 흔히 "吃＋某个方面＋的＋亏"의 형식으로
　　　나타난다.

　　예 他就是吃了没有文化的亏, 否则肯定会干出一番大事业的。

　　　그는 지식이 없어 조건이 불리하지 않았으면, 큰 일을 해냈을 것이다.

持续　　chíxù

동 지속하다. 뒤에 자주 시간 관련되는 단어로 출현한다.

예 这场大雨持续了两个星期。 이번 비는 2주나 지속되었다.

尺子　　chǐzi

(1) 명 자.

　　예 这是一把很漂亮的尺子。 이것은 매우 예쁜 자이다.

(2) 명 (비유) 표준. 잣대.

　　예 其实, 每个人心中都有一把尺子。

　　　사실, 모든 사람은 마음 속에 모두 하나의 잣대가 있다.

冲　　chōng

(1) 동 돌진하다. 흔히 방향보어와 함께 사용된다.

　　　① 冲进来 돌진해 들어오다

　　　② 冲进去 돌진해 들어가다

③ 冲出来 돌진해 나오다

④ 冲出去 돌진해 나가다

(2) 동 (물로) 씻어 내다.

예 冲澡。목욕하다.

充分　chōngfèn

(1) 형 충분하다. 주로 추상적인 사물에 쓰인다.

예 他解释得很充分。그는 해석을 충분히 했다.

(2) 부 충분히.

예 你要充分发挥你的水平。

너는 너의 실력을 충분히 발휘해야 한다.

充满　chōngmǎn

(1) 동 가득 퍼지다.

예 歌声充满了整个教室。

노래 소리는 교실 전체에 가득 퍼졌다.

(2) 동 충만하다. 목적어는 추상적 의미를 갖는 명사이다.

예 我的心中充满了感激之情。

나의 마음 속에는 감격으로 충만했다.

除　chú

(1) 동 제거하다. 없애다. 흔히 "除去"의 형태로 쓰인다.

예 医生说只要把这个肿瘤除去就没有事了。

의사는 이 종양만 제거하면 문제가 없다고 하였다.

(2) 동 나누다.

(3) 개 …을(를) 제외하고. …이외에.

  ① 除(了)A 以外, …还 / 也B, A와 B를 모두 포함한다.

    예 除了他以外, 别的同学也来了。

    그 이외에 다른 학생들도 왔다.

  ② 除(了)A 以外, …都B, B는 포함하지만 A는 포함하지 않는다.

    예 除了他以外, 别的同学都来了。

    그를 제외한 나머지 학생들은 모두 왔다.

除非　　chúfēi

개 흔히 "除非 A, 否则 B" 의 형태로 쓰인다. 해석하면 "오직 A해야지, 그렇지 않으면 B하다" 이다.

예 除非努力学习, 否则不能考上好大学。

오직 열심히 공부를 해야지, 그렇지 않으면 좋은 대학에 가지 못한다.

闯　　chuǎng

(1) 동 "冲" 과 뜻이 같다.

  예 他一下子就闯进来了。 그는 갑자기 뛰어들어왔다.

(2) 동 경험을 쌓다.

  예 他从18岁就自己一个人出去闯社会了。

  그는 18살 때부터 혼자 사회에 나가서 경험을 쌓았다.

(3) 동 야기하다. 일으키다. 목적어는 흔히 소극적인 의미를 가지는 단어이다.

  ① 闯祸 사고를 일으키다

  ② 闯乱子 문제를 일으키다

传说　chuánshuō

(1) 똉 전설.

　　예 这只是一个传说而已。 이것은 전설에 불과하다.

(2) 동 이리저리 말이 전해지다.

　　예 传说今年物价要上涨。 전해지는 말에 의하면 올해 물가가 오른다고 한다.

传统　chuángtǒng

(1) 똉 전통.

　　예 每个学期结束的时候, 大家一起吃饭一直是我们的传统。

　　　　매 학기가 끝날 무렵, 다같이 밥을 먹는 것은 줄곧 우리는 전통이다.

(2) 형 전통적이다.

　　예 我妈妈是一个很传统的中国女人。 나의 엄마는 전통적인 중국 여자이다.

吹　chuī

(1) 동 입으로 힘껏 불다.

　　예 吹生日蜡烛 생일을 위한 촛불을 불어 끄다.

(2) 동 (악기 등을)불다.

　　　　① 吹口琴 하모니카를 불다.　　② 吹笛子 피리를 불다.

(3) 동 과장해서 치켜세우다. "吹牛(허풍을 떨다)"와 같다.

　　예 他真能吹牛。 그는 허풍을 정말 잘 뜬다.

(4) 동 (일, 교분 등이) 실패하다. 결렬되다.

　　예 他们俩吹了。 그들 둘은 헤어졌다.

出口　chūkǒu

(1) 동 말을 꺼내다. 말을 하다.

　예 他一出口就是脏话。

　　그는 입만 열면 욕지거리뿐이었다.

(2) 동 수출하다.

　예 中国的进出口贸易越来越活跃。

　　중국의 수출입무역은 날로 활발해져갔다.

(3) 동 출구.

　예 出口在那边儿。출구는 저쪽에 있다.

刺激　cìjī

(1) 동 자극하다. 흥분시키다.

　예 他常常用语言刺激人。

　　그는 항상 말로 사람을 자극했다.

(2) 명 (정신적) 자극, 충격.

　예 父母的离异让他受到了很大的刺激。

　　부모님의 이혼은 그로하여금 큰 충격을 받게 했다.

辞职　cízhí

동 사직하다. 이합동사로 목적어를 가질 수 없다. 흔히 "辞＋掉＋일"의 형식으로 쓰인다.

예 一个月以前, 我辞掉了这份工作。한달전에 나는 이 일을 그만 두었다.

从事　cóngshì

(1) 동 종사하다.

　예　我的爸爸从事建筑工作。

　　우리 아버지는 건축하는 일에 종사하고 있다.

(2) 동 (방법대로) 처리하다.

　예　我们每一个人都要谨慎从事。

　　우리 매개 인은 모두 신중하게 일을 처리해야 한다.

醋　cù

명 식초. 하지만 "吃醋"는 '질투하다' 는 뜻이다.

예　你总是和他的女朋友说话的话, 他会吃醋的。

　네가 계속 그의 여자친구와 말을 하면, 그는 질투할 것이다.

催　cuī

동 재촉하다.

(1) 흔히 "주어 + 목적어(대상) + 목적어(내용)" 의 형식으로 쓰인다.

　예　电信局又开始催我交电话费了。

　　통신사에서 또 나에게 전화요금 내라고 재촉했다.

(2) 동사를 생략한 "催 + 명사" 의 형식으로 자주 쓰인다.

　예　老师又开始催作业了。 선생님은 숙제를 내라고 또 재촉하기 시작한다.

　(동사 "交 내다" 가 생략되었다.)

存 cún

동 보존하다. 저장하다. 흔히 "存下来"의 형태로 자주 쓰인다.

예 我把电脑上的文件存下来了。나는 컴퓨터에 있는 문서를 저장했다.

存在 cúnzài

(1) 동 존재하다.

예 存在偏见 편견이 존재하다

(2) 명 존재. 자인

大方 dàfang

(1) 형 자연스럽다. 대범하다.

예 她是一个大方的姑娘。그는 아주 대범한 처녀이다.

(2) 형 인색하지 않다. 반대말은 "小气"이다.

예 他有两个儿子, 大儿子很大方, 小儿子很小气。

그는 아들이 둘 있는데, 큰아들은 아주 후하고 작은 아들은 아주 인색하다.

呆 dāi

(1) 형 (머리가) 둔하다.

예 他很呆。그는 머리가 둔하다.

(2) 형 (일하는 것이) 융통성이 없다.

예 这个人实在是太呆了。이 사람은 정말 융통성이 없다.

贷款　dàikuǎn

(1) 동 (은행에서) 대부하다. 대출하다.

　　예 他贷款买房子。그는 대출해서 집을 샀다.

(2) 명 대부금. 대여금

　　예 他还有很多贷款。그는 대부금이 아직 많다.

单纯　dānchún

(1) 형 단순하다.

　　예 他是一个思想单纯的学生。그는 생각이 단순한 학생이다.

(2) 부 오로지. 단순히.

　　예 不能单纯追求物质效益。단순히 물질적인 이익을 따져서는 안 된다.

单位　dānwèi

(1) 명 직장. 회사.

　　예 我们单位最近要裁员，所以我一直都很紧张。

　　　우리 회사에서 최근에 감원하려고 해서, 나는 계속 긴장하고 있다.

(2) 명 단위

耽误　dānwu

동 (시간을 지체하다가) 일을 그르치다. 흔히 볼 수 있는 조합 :

　　① 耽误时间 시간을 지체하다

　　② 耽误学习 학습을 지체하다

　　③ 耽误工作 일을 그르치다

单元　　dānyuán

(1) 圐 (교재 등의) 단원.

　　예 我们到这周为止，又学了一个单元。

　　　　이번 주까지 우리는 또 한 단원을 학습했다.

(2) 圐 (아파트, 빌딩 등의) 현관.

　　예 我们家住在3单元。우리는 3라인에 살고 있다.

道德　　dàodé

(1) 圐 도덕. 윤리.

(2) 혱 도덕적이다.

　　예 不知道谁到处扔垃圾，真是不道德。

　　　　누가 곳곳에 쓰레기를 버리는지 모르겠지만 정말 비도덕적이다.

导演　　dǎoyǎn

(1) 圐 감독.

　　예 他是一位著名的导演。그는 유명한 감독이다.

(2) 동 연출하다.

　　예 这部电视剧是他导演的。이 영화는 그가 연출한 것이다.

(3) 동 [비유] (막후에서) 획책하다. 계획하다. 꾸미다.

　　예 这场悲剧都是他一手导演的。이 비극은 그가 꾸민 것이다.

导致　　dǎozhì

동 (어떤 사태를) 야기하다. 흔히 "원인＋导致＋결과"의 형태로 쓰인다.

예 天气突然变冷导致妈妈得了重感冒。

날씨가 갑자기 추워져서 어머니가 감기에 걸렸다.

答应　dāying

(1) 동 대답하다.

예 老师在叫你, 你怎么不答应呢?

선생님이 너 부르고 계신데, 왜 대답을 안해?

(2) 동 동의하다.

예 老师已经答应帮助我了。 선생님은 우리를 도와주시는데 동의하셨다.

打招呼　dǎzhāohu

(1) 동 (말이나 행동으로) 인사하다.

예 你见到长辈要主动打招呼。

너는 윗사람을 만나면 자발적으로 인사를 해야 한다.

(2) 동 (사전 또는 사후에) 통지하다. 알리다.

예 你放心, 这件事我已经和我的朋友打过招呼了。

이 일은 내가 이미 친구한테 말했으니 너는 안심해도 좋아.

登记　dēngjì

(1) 동 등기하다.

예 如果要住店的话, 请先登记。 호텔에 투숙하려면 먼저 등기부터 하세요.

(2) 동 결혼하다.

예 我们下个月就要登记了。 우리는 다음달에 결혼한다.

等于　　děngyú

(1) 통 (수량이) …와[과] 같다. 맞먹다.

　　예 三加二等于五。3 더하기 2는 5이다.

(2) 통 …이나 다름없다. …와 마찬가지이다.

　　예 你这样不认真地写作业就等于没写。

　　　　네가 이렇게 열심히 쓰지 않으면 안 쓴 거나 다름없다.

滴　　dī

(1) 통 (액체가) 똑똑 (한 방울씩) 떨어지다.

　　예 刚下过大雨, 房檐一直在滴水。

　　　　큰 비가 내린 직후인지라 처마에서는 계속 물이 떨어졌다.

　　　　滴眼药水。안약을 넣다.

(2) 양 방울.

　　예 水是生命之源, 一滴水都不能浪费。

　　　　물은 생원의 근원으므로, 한 방울도 낭비해서는 안 된다.

地毯　　dìtǎn

(1) 명 양탄자. 카펫.

　　예 我最近新买的地毯很漂亮。최근에 내가 새로 산 카펫은 매우 예쁘다.

(2) 명 결혼의 전당.

　　예 我祝愿你早日走上红地毯。

　　　　네가 하루 빨리 결혼의 전당에 갈 수 있기를 빈다.

地位　dìwèi

(1) 명 (사회적) 지위.

　예 他在公司里地位显赫。그가 회사에서의 지위는 혁혁하다.

(2) 명 (사람이나 물건이 차지한) 자리.

　예 这家咖啡店的地位很好。이 커피숍의 위치가 아주 좋다.

逗　dòu

(1) 동 놀리다. 집적거리다.

　예 我常常拿着一个玩具逗邻居家的小孩儿玩儿。

　　나는 늘 장남감으로 이웃집 아이를 놀리 군 했다.

(2) 형 (우스갯소리 등이)우습다. 재미있다.

　예 你这个人真逗。너는 정말 재미있는 사람이다.

对象　duìxiàng

(1) 명 (연애, 결혼의) 상대.

　예 你快点儿找个对象结婚吧。너는 빨리 상대를 찾아 결혼해라.

(2) 명 대상.

　예 研究对象 연구대상

独立　dúlì

(1) 동 [정치] (국가나 정권이) 독립하다.

　예 1949年中国政府正式宣布独立了。

　　1949년 중국정부는 정식으로 독립을 선포했다.

(2) 동 (한 부문에서) 독립해[떨어져] 나가다.

예 民俗研究室已经独立出来了, 叫做民俗研究所。

민속연구실은 이미 독립하여 민속연구소라고 한다.

(3) 동 혼자의 힘으로 하다. 독자적으로 하다.

예 他十八岁以后, 就一个人离开家开始独立的生活。

그는 18살 이후부터 집을 떠나 독립생활을 하기 시작했다.

多余　　duōyú

(1) 형 여분의. 나머지의.

예 我把多余的钱都存起来了, 以后买书。

나는 나중에 책 살 때 쓰려고 여분의 돈을 모두 저축했다.

(2) 형 쓸데없는. 불필요한.

예 这些多余的话不说也行。 이런 쓸데없는 말은 안 해도 좋다.

发抖　　fādǒu

동 (벌벌, 부들부들, 달달)떨다. 떨리다.

예 我气得直发抖。 나는 화가 나서 벌벌 떨었다.

我紧张得直发抖。 나는 긴장해서 달달 떨었다.

发挥　　fāhuī

(1) 동 발휘하다.

예 ① 发挥水平 실력을 발휘하다.　　② 发挥积极性 적극성을 발휘하다.

(2) 동 (의견이나 도리를) 충분히 잘 나타내다.

예 借题发挥 어떤 토론 중인 주제를 빌어 자신의 새로운 의견을 피력하다.

罚款　　fákuǎn

(1) 동 위약금을 물리다.

예 因为他酒后驾车，被罚了很多款。

그가 음주 운전을 하여 많은 위약금을 물었다.

(2) 명 위약금.

예 这是你的罚款，要按时缴纳。

이것이 당신이 내야 할 위약금인데, 제때에 내야 해요.

反复　　fǎnfù

(1) 부 거듭. 반복하여.

예 反复思考。반복해서 사고하다.

(2) 동 거듭하다. 반복하다.

예 反复无常。변덕스럽다.

(3) 명 반복. 재발.

예 青春痘常常会有反复。여드름은 항상 재발이 있다.

仿佛　　fǎngfú

(1) 부 마치, …인 것 같다.

예 他仿佛没有完全理解我的意思。

그는 마치 내 뜻을 완전히 이해하지 못한 것 같다.

(2) 동 비슷하다.

예 我们两个人的年龄仿佛，所以很谈得来。

우리 둘은 나이가 비슷하기에 말이 잘 통한다.

繁荣 　fánróng

(1) 형 (경제나 사업이)번영하다. 크게 발전하다.

　예 我们要把祖国建设得繁荣富强。

　　우리는 조국을 번영하고 부강하게 건설해야 한다.

(2) 동 번영시키다.

　예 繁荣经济 경제를 번영시키다.

　　繁荣文化艺术事业 문화예술사업을 번영시키다.

反应 　fǎnyìng

(1) 명 (심리, 물리, 화학, 의학 상의)반응.

　예 他的演说引起了不同的反应。

　　그의 연설은 서로 다른 반응들을 자아냈다.

(2) 동 반응하다.

　예 对方射门太突然, 守门员没有反应过来。

　　상대방의 슛이 너무 갑작스러워 골키퍼는 미처 반응하지 못했다.

反正 　fǎnzhèng

(1) 명 반면과 정면.

　예 这块布料的反正面都是丝绸的, 很高档。

　　이 옷감의 정면과 반면이 모두 비단이어서 아주 고급스럽다.

(2) 부 어차피(이유가 충분함을 강조함).

　예 反正你下午也没有事, 就跟我去逛街吧!

　　어차피 네가 오후에 다른 일 없으니, 나랑 같이 아이쇼핑이나 하자.

发言　　fāyán

(1) 동　의견을 발표하다. 발언하다.

　　예　讨论会上希望大家积极发言。

　　　　토론회에서 여러분이 적극적으로 발언하길 바랍니다.

(2) 명　발언. 발표한 의견.

　　예　他的发言得到了大家的认同。그의 발언은 사람들의 인정을 받았다.

分别　　fēnbié

(1) 동　헤어지다. 이별하다.

　　예　他们分别两年再重逢还是那么亲切。

　　　　그들은 2년 동안 헤어졌다 다시 만났음에도 불구하고 여전히 친근하다.

(2) 동　구별하다. 분별하다.

　　예　你能分别出这对双胞胎的区别吗?

　　　　당신이 이 쌍둥이의 차이를 구별할 수 있는가?

(3) 부　각각. 따로따로.

　　예　老师分别找我们班的同学谈话了。

　　　　선생님은 우리 반 학우들을 따로따로 불러 상담하셨다.

(4) 명　차이.

　　예　这两盆花除了颜色不同以外没有别的分别。

　　　　이 두 화분은 색깔이 다른 것 외에 다른 차이는 없다.

讽刺　　fěngcì

(1) 동　풍자하다.

　　예　他讽刺我没有能力, 只是靠着父母的背景来升官发财。

그는 내가 능력이 없고, 부모님의 백그라운드만 믿고 승진하고 부자가 되었다고 풍자했다.

(2) 명 풍자.

예 这确实是一种讽刺。 이것은 확실히 일종의 풍자이다.

风格　fēnggé

(1) 명 성격. 스타일. 성품. (주로 건전하고 고아 한 것을 가리킴)

예 他总是发扬雷锋风格, 助人为乐。

그는 늘 뢰봉의 성품을 발휘하여 남을 돕는 것을 기쁨으로 간주하곤 했다.

(2) 명 풍격. 작풍. 기풍(气风).

예 创作风格　창작 풍격

盖　gài

(1) 명 (～儿) 뚜껑.

예 瓶盖儿　병뚜껑

(2) 동 (도장을) 찍다. 날인하다.

예 盖章　도장을 찍다

(3) 동 (건물 · 가옥 등을) 짓다. 건축하다.

예 盖房子　집을 짓다

改进　gǎijìn

改进과 改善의 구분

改进 : 동 개량하다. 개선하다. 낡은 것에서 진보되고 발전된 방향으로 바꾸는 것.

예 ① 改进态度　태도를 개선하다　② 改进方法　방법을 개선하다

改善 : 동 개선하다. 주로 추상적인 상황이나 조건 등을 좋게 바꾸는 것.

예 ① 改善环境 환경을 개선하다   ② 改善关系 관계를 개선하다

概括　gàikuò

동 개괄하다. 요약하다. 총괄하다.

예 他把复杂的问题用简单的几句话就概括出来了。

그는 복잡한 문제를 간단하게 몇 문장으로 요약했어.

概念　gàiniàn

(1) 명 개념.

예 他把每一个概念都总结出来了。그는 모든 개념은 다 총정리해냈다.

(2) 명 예의.

예 他是一个没有概念的人。그는 예의가 없는 사람이다.

改善　gǎishàn

동 개선하다.

改善과 改进의 구분

干脆　gāncuì

(1) 형 (언행이) 명쾌하다. 솔직하다.

예 他是一个干脆的人。그는 명쾌한 사람이다.

(2) 부 아예. 차라리.

예 时间已经晚了,干脆不去了。시간이 이미 늦었으니, 차라리 안겠다.

钢铁　gāngtiě

(1) 몡 강과 철.

(2) 몡 [비유] 견고함. 강함. 굳셈.

　　 예 钢铁战士 강철 같은 전사

感受　gǎnshòu

(1) 동 (영향을) 받다. 느끼다. 결과보어는 "到"이다.

　　 예 和你们在一起, 让我感受到了大家庭的温暖。

　　　 너희들과 같이 있으니 나는 대가족의 따뜻함이 느껴진다.

(2) 몡 느낌. 인상.

　　 예 我对这次野外训练感受很深。나는 이번 야외훈련에 대한 인상이 아주 깊다.

个性　gèxìng

몡 개성. 흔히 볼 수 있는 단어조합 :

　　 ① 个性十足 개성이 뚜렷하다

　　 ② 有个性 개성이 있다

　　 ③ 个性很强 개성이 강하다

功夫　gōngfu

(1) 몡 시간.

　　 예 最近我很忙, 没有什么功夫。최근에 내가 바빠서 시간이 별로 없다.

(2) 몡 재주. 조예. 솜씨.

　　 예 他表演的功夫很深。그는 연기 솜씨가 매우 깊다.

(3) 명 (무술 방면의) 재주 솜씨.

예 中国功夫博大精深。 중국의 무술 방면의 조예는 넓고 심오하다.

公开　　gōngkāi

(1) 형 공개적인.

예 他们交往的事已经不是秘密了，早就成了公开的事了。

그들이 사귀는 일은 이미 비밀이 아니라, 벌써 공개적인 일이 되었다.

(2) 동 공개하다. 공개되다.

예 不可以公开他人隐私。 다른 사람의 비밀을 공개해서는 안된다.

乖　　guāi

(1) 형 (어린아이가) 얌전하다. 말을 잘 듣다.

예 他是个很乖的孩子，让他做什么就做什么。

그는 말을 잘 듣는 아이이기에, 시키는 대로 다 한다.

(2) 형 영리하다. 눈치가 빠르다.

예 通过这次沉重的教训，他也学乖了。

이번의 심각한 교훈을 통해 그도 영리해졌다.

怪不得　　guàibude

(1) 동 탓할 수 없다. 나무랄 수 없다.

예 这件事怪不得你，都是我不好。 이 일은 너를 탓할 수 없어, 다 내가 잘 못 했어.

(2) 부 과연. 어쩐지. 흔히 "怪不得＋事实，原来＋原因" 형태로 쓰인다.

예 怪不得他的汉语说得那么好，原来他的妻子是中国人。

어쩐지 그가 중국어를 잘 했어, 그의 부인이 중국사람이였구나.

拐弯 | guǎiwān

(1) 동 굽이 [커브]를 돌다. 방향을 틀다.

　예 一直往前走, 不要拐弯。계속 앞으로 가, 방향을 바꾸지 말고.

(2) 동 [비유] (생각·말 따위의) 방향을 바꾸다. 돌려서 말하다.

　예 他性格很直率, 说话从来不拐弯抹角。

　　그는 성격이 솔직해서 돌려서 말할 줄 모른다.

关闭 | guānbì

(1) 동 닫다.

(2) 동 파산하다.

　예 我们的公司最后还是关闭了。우리 회사는 마지막에 결국 파산했다.

广场 | guǎngchǎng

(1) 명 광장.

　예 天安门广场 천안문 광장

(2) 명 서비스 센터.

　예 购物广场 쇼핑 서비스 센터

广大 | guǎngdà

(1) 형 많다.

　예 本商店搞特销活动是为了答谢广大的消费者朋友们。

　　본 점이 특별 할인 판매 활동을 하는 것은 많은 소비의 성원에 감사 드리기 위
　　한 것이다.

(2) 톙 (면적이나 공간이) 광대하다. 넓다.

예 中国地大物博, 区域广大。

중국은 땅이 넓고 생산물이 풍부하며, 구역이 널찍하다.

光明 guāngmíng

(1) 톙 광명. 빛.

예 黑暗中的光明是每一个人所期待的。

어둠 속의 빛은 모든 사람들이 기대하는 것이다.

(2) 톙 광명하다. 떳떳하다.

예 我的行为是光明正大的, 不怕别人指指点点。

나는 행위가 떳떳하기에 다른 사람의 지적이 두렵지 않다.

(3) 톙 [비유] 정의롭다. 희망차다.

예 这个学生的前途很光明, 令大家十分羡慕。

이 학생의 앞길이 희망차므로 많은 사람들이 부러워했다.

光荣 guāngróng

(1) 톙 영광스럽다. 영예롭다.

예 解放军舍命救人是无尚光荣的。

군대가 필사적으로 사람을 구하는 일은 영예로운 것이다.

(2) 톙 영예. 영광.

예 光荣并不是我一个人的, 而是属于我们大家的。

영예는 제 개인적인 것이 아니라 우리 모두에게 속한다.

固定　gùdìng

(1) 형 고정되다. 불변하다.

　예 他是公务员, 铁饭碗, 收入非常固定。
　　그는 공무원이고 평생직업이기에 수입이 고정되어있다.

(2) 동 고정하다, 정착하다.

　예 我们得快点儿把培训制度固定下来。
　　우리는 빨리 훈련제도를 정착시켜야 한다.

规矩　guīju

(1) 명 표준. 법칙. 규율.

　예 行业规矩 직업 규율

(2) 형 (행위가) 단정하고 정직하다. 모범적이다.

　예 他这个人很规矩, 从不做坏事。
　　그는 행위가 단정하여 여태껏 나쁜 일을 하지 않았다.

规律　guīlǜ

(1) 명 규율. 법칙.

　예 规律是客观存在的, 是不以人的意志为转移的。
　　규율은 객관적으로 존재하는 것으로 사람의 의지대로 바뀌지 않는다.

(2) 형 규율에 맞다. 규칙적이다.

　예 他每天的生活起居非常规律。
　　그의 일상 생활은 아주 규칙적이다.

柜台 guìtái

(1) 몡 계산대. 카운터.

(2) 몡 은행이나 서비스 기관의 업무 창구.

规则 guīzé

(1) 몡 규칙.

예 我们每一个人都得遵守交通规则。

우리 한 사람 한 사람은 모두 교통 규칙을 지켜야 한다.

(2) 혱 (형태런망떱분포 따위가) 규칙적이다.

예 这件瓷器做得很不规则。이 도자기는 아주 불규칙적으로 만들어졌다.

姑娘 gūniang

(1) 몡 처녀. 아가씨.

예 有一个姑娘自信地走在大街上。

한 아가씨가 자신 있게 거리에서 걸어가고 있었다.

(2) 몡 딸.

예 我有两个姑娘，一个儿子。나는 딸이 둘이고 아들이 하나 있다.

过敏 guòmǐn

(1) 동 알레르기 반응을 보이다. 흔히 "对⋯过敏"으로 쓰인다.

예 我从小就对酒精过敏。나는 어릴 적부터 알코올알레르기가 있다.

(2) 혱 과민하다. 예민하다.

예 神经过敏 신경이 예민하다

果实　　guǒshí

(1) 명 과실.

　　예 那棵苹果树果实累累。저 사과나무는 사과가 더덕더덕 달렸다.

(2) 명 비유. 성과. 수확. 동사는 "尝"이다.

　　예 我们终于尝到了胜利的果实。나는 마침내 승리의 맛을 보았다.

骨头　　gǔtou

명 뼈. 자주 쓰이는 습관 용어 :

　① 贱骨头 : 천박한 놈. 복을 누릴 줄 모르고 사서 고생하는 사람을 비유한 말이다.

　② 硬骨头 : 의지가 강한 사람. 막중한 임무를 비유한 말이다.

鼓舞　　gǔwǔ

(1) 동 격려하다. 고무하다.

　　예 鼓舞士气 사기를 북돋우다

(2) 형 흥분하다.

　　예 令人鼓舞 용기를 북돋우게 하다

喊　　hǎn

(1) 동 외치다. 소리치다.

　　예 你不要每天大喊大叫的, 很没有礼貌。

　　　당신은 매일 예의없게 큰 소리로 외치지 말아.

(2) 동 (사람을) 부르다.

　　예 请你帮我把他喊过来。저를 도와서 그를 불러와주세요.

(3) 图 (…라고) 부르다.

　예 我们都喊她祥林嫂。우리는 모두 그를 상림아주머니라고 부른다.

何况　　hékuàng

(1) 접 더군다나. 하물며.

　예 他在家人面前都不习惯讲话, 更何况在那么多生人面前呢?

　　그는 집 식구들 앞에서는 말을 잘 하지 않는데 하물며 그렇게 많은 낮선 사람

　　앞에서 말하겠는가?

(2) 접 말할 필요가 없다.

　예 那么难的考试你都通过了, 更何况这么个小考试?

　　그렇게 어려운 수능도 통과했는데 이런 작은 시험은 말할 필요가 없다.

和平　　hépíng

(1) 명 평화.

　예 鸽子是和平的象征。비둘기는 평화의 상징이다.

(2) 형 평온하다.

　예 众人的安慰让他的内心和平了很多。

　　여러 사람들의 위로는 그로 하여금 마음의 평온을 되찾게 했다.

合影　　héyǐng

(1) 图 함께 사진을 찍다.

　예 我们一起合张影吧! 우리 함께 사진 찍어요.

(2) 명 단체 사진.

　예 这是我们夫妻二人的合影。이것은 우리 부부가 같이 찍은 사진 이예요.

黄金　　huángjīn

(1) 명 황금

(2) 형 [비유] 진귀하다. 귀중하다.

　예 这儿是黄金地段。여기는 귀중한 지역이다.

幻想　　huànxiǎng

(1) 명 공상. 환상.

　예 他没事就喜欢一个人瞎幻想。

　　그는 할 일 없으면 혼자 공상하기를 좋아한다.

(2) 동 공상하다. 상상하다.

　예 他幻想着将来有一天能拥有自己的公司。

　　그는 미래에 어느날 자기의 회사를 소유하는 것을 상상한다.

灰　　huī

(1) 명 재.

　예 烟灰　담뱃재.

(2) 명 가루. 먼지.

　예 家里的灰太大了, 赶快打扫一下。

　　집에 먼지가 너무 많으니 빨리 청소하자.

(3) 형 회색의.

　예 我喜欢那双灰色皮鞋。

　　나는 저 회색의 구두를 좋아한다.

活跃　huóyuè

(1) [형] 활동적이다. 활기 있다. 활기 차다.

　　[예] 这位老师讲课时很活跃, 所以很有人气。

　　이 선생님은 강의할 때 활기가 있어 인기가 아주 많다.

(2) [동] 활성화하다.

　　[예] 为了活跃气氛, 上课前我给学生们讲了一个笑话。

　　분위기를 활성화하기 위하여 수업 전에 나는 학생들에게 우스갯소리를 한다.

(3) [동] 나타나다.

　　[예] 一幅幅美丽的画活跃在纸上。

　　한 폭의 아름다운 그림이 종이 위에 나타났다.

呼吸　hūxī

(1) [동] 호흡하다. 숨을 쉬다.

　　[예] 我们一起出去呼吸一下新鲜空气吧。

　　우리 같이 신선한 공기 마시러 밖으로 나가자.

(2) [명] 호흡.

　　[예] 他已经病入膏肓了, 快没有呼吸了。그는 이미 병이 깊어져 호흡이 거의 없다.

嫁　jià

[동] 시집 가다. 자주 쓰이는 조합 :

　　① 嫁人　시집가다

　　② 嫁老公　시집가다

　　③ 出嫁　출가하다

　　④ 嫁丈夫　시집가다

讲究　　jiǎngjiū

(1) 동 중요시하다.

　　예 他这个人很讲究吃。이 사람은 먹는 것을 아주 중요시한다.

(2) 형 화려하다. 우아하다.

　　예 他的穿戴很讲究。그의 옷차림은 아주 화려하다.

建立　　jiànlì

(1) 동 창설하다. 건립하다.

　　예 建立新中国 신 중국을 건립하다

(2) 동 구성하다. 형성하다. 만들다

　　예 建立感情 감정을 형성하다

尖锐　　jiānruì

이 사람은 아주 강경하여 어려움 앞에서 한번도 머리 숙인 적이 없다.

(1) 형 (문제, 검, 칼, 목소리 등이) 날카롭다.

(2) 형 격렬하다. 날카롭다.

　　예 老师尖锐地批评了我。선생님은 날카롭게 나를 비평했다.

建议　　jiànyì

(1) 동 제안하다. 건의하다.

　　예 我建议你最好先查阅一下资料再发表自己的意见。

　　나는 네가 네 의견을 발표하기 전에 되도록 먼저 자료를 찾아서 읽어보기를 건

　　의한다.

(2) 몡 제안.

예 这只是我的一个建议而已, 采不采用还得由你来决定。

이것은 나의 제안일 뿐 채택하고 안하고는 네가 결정해야 한다.

建筑　jiànzhù

(1) 몡 건축물.

예 这栋建筑设计得特别精致。

이 건축물은 설계가 특별히 섬세하다.

(2) 동 세우다. 건축하다.

예 政府宣布明年开始要建筑高速公路。

정부는 내년부터 고속도로를 건축할 것이라고 공포했다.

(3) 동 [비유] 구성하다. 이루다. [주로 추상적인 사물에 쓰임]

예 你不要把自己的幸福建筑在别人的痛苦上。

너의 행복을 타인의 고통 위에 이루어서는 안 된다.

(4) 몡 [비유] 구조. 형성되거나 만들어진 산물. [주로 추상적인 사물에 쓰임]

예 经济基础决定上层建筑。

경제기초는 상부 구조를 결정한다.

教训　jiàoxùn

(1) 동 가르치고 타이르다. 훈계하다.

예 他总是以教训人的口吻讲话。

그는 늘 가르치는 어조로 말한다.

(2) 몡 교훈.

예 这是一个沉重的历史教训。

이것은 몹시 무거운 역사 교훈이다.

假如　　jiǎrú

만약 A한다면 B하다. 如果 / 要是 / 万一 / 假如 / 假设 / 假若 / 若(是) / 倘若 A,
那(么) 주어 就 B。

[예] 假如有一个月的假期, 我就去周游世界。

만약 한 달의 휴가 기간이 있다면, 나는 세계를 주유한다.

届　　jiè

(1) [동] (예정된 때에) 이르다.

[예] 届时务请按时入场。

예정된 때에 이르면 제때에 입장하세요.

(2) [양] 회.

[예] 我是第八届毕业生。

나는 제8기 졸업생이다.

接待　　jiēdài

接待과 招待의 구분

接待 : [동] 응대하다. 맞이하다. 사람을 맞이하여 문제를 해결해 주거나 도움을 제공하
는 것을 뜻한다.

[예] 学院的职员亲切地接待了来报名学生。

학원의 직원들은 등록하러 온 학생들을 친절하게 맞이했다.

招待 : [동] 접대하다. 봉사하다. 서비스하다. 주인의 입장에서 손님에게 음식, 숙박, 교
통 등을 제공하는 것을 뜻한다.

[예] 家里来客人了, 妈妈热情地招待他们。

집에 손님이 왔을 때, 엄마는 친절하게 그들을 접대했다.

结合　jiéhé

(1) [동] 결합하다. 결부하다.

(2) [동] 결혼하다.

　　[예] 虽然分分合合, 但是他们最终还是结合了。

　　비록 헤어졌다 만나기를 몇 번 반복했지만 그들은 결국 결혼했다.

接近　jiējìn

(1) [동] 접근하다. 가까이하다.

　　[예] 他的成绩已经接近满分, 得了全班第一名。

　　그의 성적은 거의 만점에 가까워 반에서 1등을 했다.

(2) [형] 비슷하다. 가깝다.

　　[예] 他们俩的性格很接近。

　　그들 둘의 성격은 아주 가깝다.

借口　jièkǒu

(1) [명] 구실. 핑계.

　　[예] 堵车只是一个借口, 迟到就是迟到了。

　　차가 밀린다는 것은 핑계일 뿐, 지각은 지각이다.

(2) [동] 구실로 삼다. 핑계를 대다.

　　[예] 他借口还有事提前走了。

　　그는 다른 일이 있다는 핑계를 대고 먼저 갔다.

节省　jiéshěng

(1) 동 아끼다. 절약하다.

　　예 时间就是金钱，你应该节省时间。

　　　시간은 곧 금전이므로 너는 시간을 아껴야 한다.

(2) 형 낭비하지 않다. 검소하다.

　　예 他这个人平时很节省，一分钱也舍不得浪费。

　　　그는 평소에 아주 검소하여 한 푼이라도 낭비하기 아까워한다.

结实　jiēshi

(1) 형 단단하다. 견고하다.

　　예 这个杯子很结实，掉到地上也没摔碎。

　　　이 컵은 아주 견고하여 땅에 떨어져도 바스러지지 않았다.

(2) 형 튼튼하다. 건강하다.

　　예 我爷爷已经九十岁了，可身体还是那么结实。

　　　나의 할아버지는 이미 90세가 되었는데도 불과하고 신체가 여전히 튼튼하다.

接着　jiēzhe

(1) 부 이어서. 연이어.

　　예 我先来发表，然后你接着补充。 내가 먼저 발표하고, 이어서 너가 보충하도록 해.

(2) 동 (손으로)받다.

　　예 你把水扔过来，我好好接着。 물을 던져 주면, 내가 잘 받을게.

(3) 동 (뒤)따르다.

　　예 下课铃声响了，同学们一个接着一个地从教室里跑出来。

　　　수업 마치는 종이 울리자, 학생들이 잇따라 교실에서 뛰어 나왔다.

记录　jìlù

"纪录"와 동일하다.

纪录　jìlù

(1) 몡 다큐멘터리.

예 我最喜欢看纪录片儿。나는 다큐멘터리를 보기 좋아한다.

(2) 몡 (일정 시기, 범위 내에서 이루어진) 최고 기록.

예 他以优异的成绩打破了世界纪录。

그는 우수한 성적으로 세계기록을 깼다.

(3) 동 기록하다, "记录"과 같다.

예 她把每天的开销都记录在这个小本子上。

그는 매일의 지출을 모두 이 작은 노트에다 기록하였다.

哪怕　nǎpà

쩝 即使 / 即便 / 就是 / 就算 / 哪怕 / 纵然 A, 주어 也 B. 설령 A해도 B하다.

예 哪怕明天下大雨, 我也要去补习班学习汉语。

설령 내일 비가 내린다 해도, 나는 학원에 가서 중국어를 배울 것이다.

嫩　nèn

(1) 혱 연하다. 여리다.

예 嫩绿 파르스름하다.

(2) 혱 (음식이) 부드럽다. 연하다. 말랑말랑하다.

예 这菜炒得太嫩了。이 요리는 너무 연하게 볶았다.

(3) 〈형〉 (경험이) 적다. 미숙하다.

　〈예〉 他还是太嫩了, 没有那么多经验。

　　그는 아직 미숙하고 경험이 그런 많지 않다.

念　niàn

(1) 〈동〉 그리워하다. 보고 싶어하다.

　〈예〉 ① 想念 보고 싶어하다　　　② 怀念 그리워하다

(2) 〈동〉 학교에 다니다.

　〈예〉 念大学 대학교를 다니다

(3) 〈동〉 (소리내어) 읽다. 낭독하다.

　〈예〉 念课文 본문을 낭독하다

宁可　nìngkě

〈부〉 차라리 …할지언정. 설령 …할지라도. 흔히 "宁可…也不…"의 형식으로 쓰인다.

〈예〉 我宁可自己受苦, 也不能让我的孩子受苦。

나는 내가 고생을 할지언정 아이들을 고생하게 할 수는 없다.

偶然　ǒurán

(1) 〈부〉 우연히. 뜻밖에.

　〈예〉 今天偶然在马路上遇见她了。

　　오늘 큰 길에서 우연히 그와 만났다.

(2) 〈형〉 우연하다.

　〈예〉 我也知道这很偶然。

　　나도 이것이 아주 우연적임을 안다.

拍   pāi

(1) 통 (손바닥이나 납작한 것으로) 치다.

   예 拍桌子 탁자를 치다

(2) 통 (사진을) 찍다. 촬영하다.

   예 拍照 사진을 찍다

(3) 명 (~儿) 무엇을 치는 도구. 채.

   예 苍蝇拍 파리채

派   pài

(1) 명 파. 파벌. 유파.

   예 他自成一派。그는 스스로 한 유파가 되었다.

(2) 통 (일을) 파견하다.

   예 公司派我去美国学习。

     회사에서 나에게 학습 목적으로 미국에 파견했다.

(3) 형 [방언] 위엄이 있다. 늠름하다.

   예 你真有派! 너는 정말 늠름해 보인다.

盆   pén

(1) 명 (~儿) 대야. 화분. 분(盆).

   예 花盆儿 화분

(2) 양 (~儿) 대야 · 화분 등으로 담는 수량을 세는 데 쓰임.

   예 一盆儿鲜花儿 꽃 한 대야

批　　pī

(1) 동 평어를 쓰다. 코멘트(comment)하다.
  예 批作业 숙제에 코멘트를 달다.
(2) 동 비판하다. 비평하다. 꾸중하다.
  예 今天我又被老师批了。
    오늘은 선생님은 또 나를 꾸중했다.
(3) 동 도매하다.
  예 批衣服 옷을 도매하다
(4) 양 무리. 무더기.
  예 一批货物 화물 한 무더기

披　　pī

(1) 동 (대나무·나무 등이) 갈라지다. 쪼개지다.
  예 披木头 나무를 쪼개다
(2) 동 쓰다. 덮다. 걸치다.
  예 外面很冷, 快把大衣披上。
    밖에 아주 추우니 외투를 걸쳐라.
(3) 동 풀어지다. 느슨해지다. 흐트러지다.
  예 她把头发披开了, 很漂亮。
    머리를 푸니까 매우 아름답다.

匹　　pǐ

양 필. [비단·천 등의 길이 단위 / 말·노새 등의 가축을 세는 단위]
예 ① 一匹布 포목 한 필　　　　② 一匹马 말 한 필

片　piàn

명 영화·연속극 등. 武打片 무술 영화.

양 ① (~儿) 편평하고 얇은 모양의 것에 쓰임.

　　예 三片儿药 약 세 알.

　② 지면과 수면 등에 쓰임.

　　예 一片汪洋 망망대해.

　③ 풍경·기상·언어·소리·마음 등에 쓰임.

　　예 一片真心 진실된 마음.

飘　piāo

(1) 동 휘날리다. 날아 흩어지다[떨어지다].

　예 红旗在空中飘起来了。붉은 깃발은 공중에서 휘날렸다.

(2) 형 경박하다. 성실[착실]하지 않다.

　예 他这个人有点儿飘, 不太可靠。

　　이 사람은 약간 경박하여 그다지 믿을 바가 안된다.

(3) 형 (다리에 힘이 빠져) 휘청거리다.

　예 他走路腿发飘。그는 걷는데 다리가 휘청거렸다.

平　píng

(1) 형 평평하다. 평탄하다.

　예 那条路很平, 我们还是走那条路吧。

　　저쪽 길이 아주 평탄한데, 우리 저쪽 길로 가자.

(2) 형 동급이다. 비기다.

　예 两队不相上下, 打平了。두 팀은 막상막하인지라 비겼다.

(3) 통 평평하게 [고르게] 하다. 평평하게 고르다.

　　예 平院子 마당을 고르다

平常　　píngcháng

(1) 명 평소. 평상시.

　　예 平常他很少出去逛街。

　　　평소에 그는 거리에 돌아다니는 일이 거의 없다.

(2) 형 보통이다. 평범하다.

　　예 他的行为很平常, 没有什么意外的。

　　　그의 행위가 아주 평범하여 의외의 사고가 없다.

平衡　　pínghéng

(1) 형 균형이 맞다. 균형잡히다.

　　예 心理平衡 심리 상태가 균형이 맞다

(2) 통 균형 [평형]되게 하다. 균형 있게 하다. 균형을 맞추다 [잡다].

　　예 平衡市场经济 시장경제로 하여금 균형에 맞게 하다

评价　　píngjià

(1) 통 평가하다.

　　예 评价一个学生时, 不能只考虑学习。

　　　한 학생을 평가할 때 학습만 고려해서는 안된다.

(2) 명 평가.

　　예 他从老师那里得到了很高的评价。

　　　그는 선생님으로부터 아주 높은 평가를 받았다.

浅　qiǎn

(1) 형 (가옥 · 장소 따위의 길이나 폭이) 좁다.

예 水浅 물이 얕다.

(2) 형 쉽다. 평이하다. 간명하다.

예 这本书浅显易懂。이 책은 평이하고 쉽다.

(3) 형 (감정렬이) 깊지 않다. 얕다.

예 他们虽然是多年的同学, 但是交情很浅。

그들은 비록 다년 간 친구이지만 친분이 깊지 않다.

(4) 형 부족하다.

예 资历浅 경력이 부족하다

(5) 형 (색깔이) 옅다.

예 这件衣服的颜色太浅了。이 옷은 색깔이 너무 옅다.

启发　qǐfā

(1) 명 계발. 깨우침. 영감.

예 他的一番话给了我一个启发。그의 말은 나에게 깨우침을 줬다.

(2) 동 일깨우다. 불어넣다.

예 老师启发大家参与的热情。

선생님은 모두에게 참여의 열정을 불어넣었다.

请求　qǐngqiú

(1) 명 요구. 요청. 부탁.

예 这是我唯一的请求。이것은 나의 유일한 부탁이다.

(2) 동 요청하다. 바라다. 부탁하다.

예 我请求你帮助我。나는 너에게 도움을 요청했다.

燃烧　ránshāo

(1) 동 연소하다. 타다.

　예 木柴燃烧起来了。 장작이 타기 시작했다.

(2) 동 [비유] (감정이) 타오르다.

　예 怒火燃烧 분노가 타오르다.

软件　ruǎnjiàn

(1) 명 소프트웨어(software). 반대말은 "硬件"이다.

(2) 명 [비유] (생산·연구·경영 등의 과정에서) 구성원의 자질·관리 수준·서비스의 질 등. 반대말은 "硬件"이다.

设计　shèjì

(1) 동 설계하다. 디자인하다.

　예 设计海报 포스터를 디자인하다.

(2) 명 설계. 디자인.

　예 他的设计非常新颖。 그의 디자인은 아주 새롭다.

(3) 동 계책을 꾸미다. 흉계를 꾸미다.

　예 我被他设计陷害了。 나는 그의 계책에 모함을 당했다.

神经　shénjīng

(1) 명 신경.

(2) 명 정신 이상.

　예 你发什么神经。 너 왠 발광이야.

时刻　shíkè

(1) 몡 시각. 때. 순간.

(2) 閉 늘. 시시각각. 언제나. 항상.

　　예 我得时刻记住妈妈的教诲。

　　나는 시시각각 어머니의 교훈을 기억해야 한다.

摔　shuāi

(1) 동 내던지다. 내동댕이치다.

　　예 他把钱摔在桌子上就走。

　　돈을 책상 위에 내던지고는 갔다.

(2) 동 떨어져 깨지다.

　　예 我把杯子摔碎了。나는 컵을 떨구어 깼다.

(3) 동 쓰러지다. 넘어지다.

　　예 下雨路滑, 我摔了一个大跟头。

　　비가 내림으로 길이 미끄러워 나는 곤두박질쳤다.

甩　shuǎi

(1) 동 휘두르다. 뿌리치다.

　　예 他一甩手, 生气地走了。

　　그는 손을 뿌리치고는 화가 나서 갔다.

(2) 동 내던지다. 뿌리다. 던지다.

　　예 他用力地把球甩了出去。그는 힘껏 공을 내던졌다.

(3) 동 떼 버리다. 떼어놓다. 떨치다. 떨어뜨리다.

　　예 他把我甩了。그는 나를 떼 버렸다.

输入　shūrù

(1) 图 입력하다.

　　예 输入数据 데이터를 입력하다

(2) 图 (외부에서 안으로) 들여보내다. 받아들이다.

　　예 输入血液 수혈하다

(3) 图 (상품이나 자금을) 수입하다.

　　예 输入资金 자금을 들여오다

锁　suǒ

(1) 명 자물쇠.

　　예 一把锁 자물쇠 하나

(2) 图 (자물쇠를) 잠그다. 채우다.

　　예 锁门 문을 잠그다

台阶　táijiē

(1) 명 층계. 계단. 섬돌.

　　예 这个楼梯的台阶好长啊。 이 계단은 매우 길다.

(2) 명 [비유] 더 큰 성적. 더 높은 목표.

　　예 我们公司的业绩争取更上一个台阶。

　　　　우리 회사의 실적이 더 큰 성적을 낼 수 있도록 노력해야 한다.

(3) 명 교착 상태나 난처함을 벗어날 여지[기회].

　　예 给你台阶时, 你就快下吧。

　　　　너에게 퇴로를 줄 때 빨리 내려오라.

烫 ｜ tàng

(1) 〔형〕 몹시 뜨겁다.

　　〔예〕 这咖啡太烫了，我喝不了。

　　　　이 커피가 너무 뜨거워 나는 마실 수 없다.

(2) 〔동〕 다리다. 다리미질하다.

　　〔예〕 我每天要给我的丈夫烫衬衫。

　　　　나는 매일 남편의 와이셔트를 다려준다.

　　　　最近我要去烫头。 최근에 나는 파마하러 가려고 한다.

(3) 〔동〕 데다. 화상 입다.

　　〔예〕 ① 烫伤 화상을 입다　　　　② 烫坏 데다

逃 ｜ táo

(1) 〔동〕 도망치다. 달아나다.

　　〔예〕 逃跑 도망치다

(2) 〔동〕 피하다. 비키다. 도피하다.

　　〔예〕 逃学 무단 결석하다

提 ｜ tí

(1) 〔동〕 (손잡이나 끈이 있는 물건을) 들다[쥐다].

　　〔예〕 提着包 핸드백을 들고 있다

(2) 〔동〕 찾다.

　　〔예〕 提款 손을 찾다

(3) 〔동〕 제시하다. 제기하다. 흔히 "提出"의 형식으로 쓰인다.

　　〔예〕 提出问题 문제를 제기하다

(4) 동 (예정된 기일을) 앞당기다. 흔히 "提前, 提早"의 형식으로 쓰인다.

예 我希望大家都能提前十分钟到。

나는 여러분이 모두 10분 앞당겨 도착하기를 바란다.

(5) 동 말을 꺼내다. 언급하다. 흔히 "提到"의 형식으로 쓰인다.

예 提到学习, 谁也比不过他。 공부로 말하자면 아무도 그를 이길 사람이 없다.

别提了。 말도 꺼내지 마.

体现　tǐxiàn

(1) 동 구체적으로 드러내다.

예 这部电影体现了当今社会教育中存在的问题。

이 영화는 요즘 사회 교육에 존재하는 문제들을 구체적으로 드러냈다.

(2) 명 구체적인 표현.

예 这是爱的体现。 이것은 사랑의 표현이다.

同时　tóngshí

(1) 부 동시에.

예 他们俩同时来了。 그들 둘은 동시에 왔다.

(2) 접 그리고. 또한. 게다가.

예 他不但学习好, 同时也很喜欢劳动。

그는 공부를 잘 할뿐 아니라 또한 운동도 좋아한다.

透明　tòumíng

(1) 형 투명하다.

예 这块水晶很透明。 이 크리스털은 아주 투명하다.

(2) 형 공개적이다. 투명하다.

　예 高考的透明度很高。 수능의 투명도는 아주 높다.

突出　　tūchū

(1) 동 돌파하다. 뚫다.

　예 突出重围 겹겹의 포위망을 돌파하다

(2) 형 뛰어나다. 뚜렷하다.

　예 他的表现很突出。 그의 표현은 아주 뚜렷했다.

(3) 동 두드러지게 하다. 부각시키다.

　예 突出重点 중점을 부각시키다

退步　　tuìbù

(1) 동 퇴보하다. 뒷걸음질하다. 나빠지다.

　예 几年没有使用汉语，我的汉语水平退步了很多。

(2) 동 양보하다. 사양하다.

　예 双方都不退步，真是让我左右为难。

　　쌍방이 모두 양보하지 않아, 나는 이러지도 저러지도 못했다.

歪　　wāi

(1) 형 비뚤다.

　예 这棵小树长歪了。 이 작은 나무가 비뚤게 자랐다.

(2) 형 정당하지 않다. 옳지 않다. 바르지 못하다.

　예 你别总想歪点子。

　　너는 계속 옳지 않은 방법을 생각하지 말라.

弯 　wān

(1) 웹 굽다. 구불구불하다.

　예 这筷子有点儿弯了。이 젓가락은 조금 굽었다.

(2) 图 구부리다. 굽히다. 휘다

　예 弯腰 허리를 굽히다.

(3) 명 (~儿) 굽이. 굽어진 곳. 모퉁이.

　예 遛弯儿 산책하다

完善 　wánshàn

(1) 웹 완선하다. 완벽하다.

　예 我国的法律很完善。우리 나라의 법률은 아주 완벽하다.

(2) 图 완벽하게 [완전하게] 하다.

　예 完善法律条文。율문을 완벽하게 하다.

万一 　wànyī

(1) 접 만일. 만약. "如果 / 要是 / 万一 / 假如 / 假设 / 假若 / 若(是) / 倘若 A, 那(么) 주어 就 B"

　예 万一下雨, 你就会被淋湿的。만일 비가 온다면 너는 비에 흠뻑 젖을 것이다.

(2) 명 만일. 뜻밖의 일. 만일의 경우.

　예 以防万一 만일에 대비하다

危害 　wēihài

(1) 명 손상. 훼손. 손해. 위해. 해.

(2) 동 해를 끼치다. 해치다. 손상시키다.

　　예 这种书籍会危害青少年的身心健康的。

　　　 이런 서적은 청소년의 심신건강을 해친다.

维护　　wéihù

동 유지하고 보호하다. 지키다. 옹호[수호]하다. '维护'의 목적어는 흔히 어떤 권력이나 이익이다.

예 维护合法权利。 합법적인 권리를 지키다.

　 维护公司的利益。 회사의 이익을 지키다.

委屈　　wěiqū

(1) 형 (부당한 지적이나 대우를 받아) 억울하다.

　　예 我无缘无故被别人骂了一顿, 很委屈。

　　　 나는 이유 없이 남에게 꾸중을 들어 아주 억울하다.

(2) 동 억울하게 하다. 목적어는 흔히 어떤 사람이다.

　　예 我们公司条件有限, 真是委屈您了。

　　　 우리 회사의 조건이 나빠서 불편하게 해드렸습니다.

(3) 명 억울함.

　　예 受委屈 억울함을 당하다

围绕　　wéirào

(1) 동 주위[둘레]를 돌다.

　　예 我围绕着这颗小树跑了三圈。

　　　 나는 이 작은 나무를 주위를 세 바퀴 뛰었다.

(2) 동 (문제나 일을) 둘러싸다. …을[를] 중심에 놓다.

　예 围绕着这个问题展开了热烈的争论。

　　이 문제를 둘러싸고 열렬한 논쟁이 벌어졌다.

委托　wěituō

동 위탁하다. 의뢰하다. 흔히 "委托＋대상＋내용"의 형식으로 나타난다.

　예 我委托我的老朋友照顾我的孩子。

　　나는 나의 옛 친구에게 나의 아이를 위탁했다.

位置　wèizhi

명 위치.

(1) 명 위치.

　예 这是我的位置, 别人不能坐。

　　이것은 나의 자리로 다른 사람은 앉지 못한다.

(2) 명 직위.

　예 他在这家公司的位置不可小视。

　　이 회사의 직위는 얕잡아 볼 수 없다.

闻　wén

(1) 동 냄새를 맡다.

　예 从远处, 我就闻到了一股香味儿。

　　멀리서부터 나는 한 가닥의 향기로운 냄새를 맡았다.

(2) 동 듣다.

　예 早有所闻 일찍이 들은 바가 있다

文明　　wénmíng

(1) 몡 문명.

　　예 文明社会 문명한 사회

(2) 혱 교양이 있다. 예의바르다. 언행이 점잖다.

　　예 他真是一个文明的孩子。 그는 정말 예의가 바른 아이이다.

温暖　　wēnnuǎn

(1) 혱 따뜻하다. 온난하다.

　　예 今天的阳光很温暖。 오늘의 햇빛은 매우 따뜻하다.

(2) 혱 [비유] 쾌적하고 안락하다. 포근하다. 온정이 넘치다.

　　예 我有一个温暖的大家庭。 나는 온정이 넘치는 대가정이 있다.

(3) 동 따뜻하게 하다. 포근하게 하다.

　　예 他的一番话温暖了在场的每一个人。

　　　그의 말은 현장에 있는 모두의 가슴을 따뜻하게 했다.

(4) 몡 따뜻함. 포근함.

　　예 我再一次感受到了集体的温暖。

　　　나는 다시 한번 집단의 포근함을 느꼈다.

无奈　　wúnài

(1) 동 방법이 없다.

　　예 这也是无奈之举。 이것 또한 어쩔 수 없는 행동이다.

(2) 접 그렇지만. 그러나.

　　예 本来说好了要去的, 无奈临时有事。

　　　원래 가겠노라고 약속한 터였는데 임시 사정이 있어서 어쩔 수 없었다.

无数　　wúshù

(1) 형 무수하다. 매우 많다.

　　예 天上有无数个星星。

　　　하늘에는 별들이 무수히 많다.

(2) 동 확신[자신]이 없다.

　　예 他心里无数。그는 확신이 없다.

系　　xì

(1) 동 묶다. 매다. 이때 "jì"라고 읽는다.

　　예 系领带 신발끈을 묶다

(2) 동 연결하다. 연계시키다. 맺다. 관련되다. 달려 있다.

　　예 联系 연락하다

(3) 명 학과.

　　예 中文系 중어중문학과

瞎　　xiā

(1) 동 눈이 멀다. 실명하다. 瞎子 '맹인'.

　　예 他的眼睛瞎了。

　　　그는 눈이 멀었다.

(2) 부 제멋대로. 함부로. 막연히. 뒤에 동사가 온다.

　　예 瞎说 한부로 말하다.

(3) 동 낭비하다. 파손시키다.

　　예 还没用就坏了, 真是白瞎了。

　　　아주 사용하지 않았는데 고장이 나서 정말 낭비다.

相当　xiāngdāng

(1) 부 상당히. 무척.

예 她长得相当漂亮。 얼굴이 상당히 예쁘다.

(2) 동 비슷하다. 대등하다. 상당하다. 맞먹다.

예 两个队的实力相当。 두 팀의 실력이 대등하다.

相对　diāngduì

(1) 부 비교적. 상대적으로.

(2) 형 상대적이다.

예 我们这个学期是相对评价, 不是绝对评价。

우리 이번 학기는 상대평가이지 절대 평가가 아니다.

(3) 동 마주하다. 상대하다.

예 相对摆放 마주해서 놓다

享受　xiángshòu

동 누리다. 향유하다. 즐기다. 많은 동사를 대신해 쓰일 수 있다.

예 我要好好地享受我的早餐。

아침 식사를 즐기다. (“吃 먹다” 대신 쓰였다.)

我要好好地享受我的周末。

나는 나의 주말을 잘 누려야겠다. (동사“度过 보내다” 대신 쓰였다.)

我要好好地享受我的咖啡。

나는 나의 커피를 즐기겠다. (“喝 마시다” 대신 쓰였다.)

显示　xiǎnshì

(1) 동 현시하다. 뚜렷하게 나타내 보이다.

　예 这首诗显示了作者对大自然的爱。

　　이 시는 작가의 대자연에 대한 사랑을 뚜렷이 나타냈다.

(2) 동 과시하다. 자랑하다.

　예 他就喜欢到处显示自己。

　　그는 여기저기서 자신을 과시하기 좋아한다.

消化　xiāohuà

(1) 동 소화하다.

　예 吃得太多了, 我得消化消化。

　　너무 많이 먹어서 소화 좀 시켜야 한다.

(2) 동 [비유] (배운 지식을) 소화하다.

　예 一次讲那么多, 学生们都消化不了。

　　한꺼번에 그렇게 많이 강의하니, 학생들은 다 소화를 못한다.

协调　xiétiáo

(1) 형 어울리다. 조화롭다.

　예 发展得不协调。 발전이 조화롭지 않다.

(2) 동 어울리게 하다. 조화롭게 하다.

　예 协调各部门的合作关系。

　　각 부서의 협조관계를 조화롭게 하다.

形象　xíngxiàng

(1) 몡 (총체적인) 인상. 이미지. 형상.

　예 在学生们的心目中, 他的形象非常好。

　　학생들의 마음 가운데 그의 이미지는 아주 좋다.

(2) 혱 생동적이다. 생생하다. 구체적이다.

　예 他描述得很形象。 그는 아주 생생하게 묘사했다.

欣赏　xīnshǎng

(1) 동 감상하다. 목적어는 흔히 "风景 또는 艺术作品".

　예 欣赏美景 아름다운 풍경을 감상하다

　　欣赏音乐 음악을 감상하다

(2) 동 좋아하다. 마음에 들다.

　예 我很欣赏他的为人。 나는 그의 사람됨을 좋아한다.

心脏　xīnzàng

(1) 몡 심장.

(2) 몡 중심부.

　예 上海是华东地区的心脏。

　　상하이는 화동(华东) 지역의 심장부이다.

吸收　xīshōu

(1) 동 섭취하다. 흡수하다. 흡입하다.

　예 吸收水分 수분을 섭취하다

(2) 동 받아들이다. 끌어들이다.

예 这个俱乐部吸收了很多年轻的大学生。

이 클럽은 많은 젊은 대학생들을 끌어들였다.

系统　　xìtǒng

(1) 명 계통. 체계. 시스템.

예 他们公司的系统有问题。

그들 회사의 시스템에는 문제가 있다.

(2) 형 계통적이다. 체계적이다.

예 他的报告很系统。

그의 보고는 아주 체계적이었다.

痒　　yǎng

형 가렵다. 간지럽다. 흔히 볼 수 있는 습관용어 :

① 心痒 어떤 일을 하고 싶어 못견뎌하다.

② 皮痒 맞을 때가 되었다.

严肃　　yánsù

(1) 형 (표정 · 기분 · 품행 · 태도 등이) 엄숙하다.

예 表情严肃 표정이 엄숙하다

(2) 동 엄숙하게 하다.

예 严肃纪律 기강을 엄숙하게 바로 잡다

严肃法纪 법률과 기율을 엄숙하게 바로 잡다

要不　　yàobù

(1) 접　그렇지 않으면. 안 그러면. "要不然、要不然的话、不然的话、不然、否则"
와 뜻이 같다. 흔히 "幸亏 A, 要不然 / 要不然的话 / 不然的话 / 要不 / 不
然 / 否则 주어 B"의 형태로 나타난다. 해석하면 "A해서 다행이지, 그렇지 않
으면 B할 뻔 하다"이다.

예　幸亏你提醒我, 要不我就忘了。
다행이 네가 일깨워줬어, 그렇지 않으면 나는 잊어버렸어.

(2) 접　…하거나, 아니면 …하거나. "要么…要么…", "或者…或者…"와 뜻이 같다.

예　下课以后, 我要不回家做作业, 要不去补习班。
수업을 마친 후 나는 집에 가서 숙제를 하거나 아니면 학원에 가거나 한다.

要是　　yàoshì

접　만약. 만약 …이라면[하면]. 如果 / 要是 / 万一 / 假如 / 假设 / 假若 / 若(是) /
倘若 A, 那(么) 주어 就 B, 만약 A한다면 B하다

예　要是你没有时间, 还是我去吧。
당신이 시간이 없으면 내가 갈게.

业余　　yèyú

(1) 명　업무 외. 여가.

예　业余时间, 我通常用来学习外语。
여가 시간을 나는 늘 외국어를 공부하는데 이용한다.

(2) 형　비전문의. 아마추어의. 반대말은 "专业"이다.

예　他只是一位业余歌手。
그는 아마추어 가수이다.

一辈子　　yíbèizi

(1) 명 한평생. 일생.

　예 我妈妈把自己的一辈子都奉献给了我们。

　어머니는 한평생을 우리에게 바쳤다.

(2) 부 이제껏. 지금껏.

　예 他是一个老实人，一辈子也没有说过谎。

　그는 성실한 사람으로 지금까지 거짓말 한 적이 없다.

一旦　　yídàn

(1) 부 일단[만약] …한다면

　예 人和人的关系很微妙，一旦破裂就很难愈合。

　사람과 사람 사이의 관계는 아주 미묘함으로, 일단 파열되면 아물기 어렵다.

(2) 명 잠시. 잠깐. 삽시간.

　예 一座美丽的城市，就在地震爆发的霎那间，毁于一旦。

　아름다운 도시가 지진이 폭발하는 순간 삽시간에 무너졌다.

硬件　　yìngjiàn

(1) 명 [컴퓨터] 하드웨어(hardware). 반대말은 “软件”이다.

　예 这台电脑的硬件系统很不错。

　이 컴퓨터의 하드웨어 시스템은 아주 괜찮다.

(2) 명 [비유] (생산·연구·학습·경영 등의) 기계 설비 및 장비.

　반대말은 “软件”이다.

　예 这家公司的硬件虽然跟不上，可是软件却很硬。

　이 회사의 하드웨어는 따라갈 수 없지만, 소프트웨어는 아주 괜찮다.

应聘　yìngpìn

[동] 초빙에 응하다. 지원하다. 흔히 "주어(개인)＋应聘＋회사 / 직위" 형태로 쓰인다.

[예] 我要应聘经理职位。나는 매니저직위에 지원한다.

我要应聘三星公司。나는 삼성회사에 지원한다.

意外　yìwài

(1) [형] 의외의. 뜻밖의.

[예] 令我感到意外的是，他居然没有来参加会议。

내가 의외라고 생각했던 것은 그가 회의에 참석하지 않은 것이다.

(2) [명] 의외의 사고.

[예] 发生意外 의외의 사고가 발생하다

义务　yìwù

(1) [형] 무보수의. 봉사의.

[예] 九年义务教育 9년제 의무교육

(2) [명] 도의적인 책임.

[예] 你有义务教育自己的孩子。당신의 자신의 아이를 교육할 의무가 있다.

一致　yízhì

(1) [형] 일치하다.

[예] 意见一致 의견이 일치하다.

(2) [부] 함께. 같이.

[예] 他们一致同意。그들은 함께 동의했다.

拥挤　　yōngjǐ

(1) 동 (사람이나 교통 도구 등이) 한데 모이다. 한곳으로 밀리다. 밀치락달치락하다.

　　예 请排好队, 不要拥挤, 慢慢上车。

　　　한데 모이지 말고 줄을 잘 서고 천천히 차에 오르세요.

(2) 형 붐비다. 혼잡하다. 빽빽하게 차다. 꽉 차다.

　　예 每天上下班时间, 公共汽车里很拥挤。

　　　매일 출근할 때 버스 안은 매우 붐빈다.

预报　　yùbào

(1) 동 미리 알리다. 예보하다.

　　예 有什么紧急情况的话, 一定要事先预报。

　　　급한 일이 있으면 반드시 사전에 보고해야 한다.

(2) 명 예보.

　　예 天气预报 일기예보

娱乐　　yúlè

(1) 동 오락하다.

　　예 今天是周末, 我们一起去娱乐娱乐吧。

　　　오늘이 주말이니 우리 함께 클럽 가서 놀자.

(2) 명 오락.

　　예 我最喜欢看娱乐节目。

　　　나는 오락프로그램을 제일 보기 좋아한다.

晕　yūn

(1) 형 어지럽다.

　　예 头晕 머리가 어지럽다

　　　　晕车 차멀미하다

(2) 동 기절하다. 까무러치다.

　　예 晕过去 기절하다

　　　　晕倒 기절해서 넘어지다

与其　yǔqí

不如를 참조

再三　zàisān

부 몇 번씩. 거듭. 여러 번. 뒤에 동사가 올 수 있다.

예 再三思考 거듭 사고하다

　　再三叮嘱 거듭 당부하다. 접미사로도 쓰인다

摘　zhāi

동 (식물의 꽃렛·킹잎을) 따다. 꺾다. 뜯다.

예 摘苹果 사과를 따다.

　　(쓰거나 걸려 있는 물건을) 벗다. 벗기다. 떼다.

예 摘眼镜 안경을 벗다.

展开　zhǎnkāi

(1) 동 펴다. 펼치다.

　　예 把画卷展开 그림을 펼치다

(2) 동 (활동을) 전개하다.

　　예 展开讨论 토론을 전개하다

招待　zhāodài

接待를 참조

针对　zhēnduì

동 겨누다. 조준하다. 초점을 맞추다. 예 :

他的发言显然是针对我的。그의 발언은 확연하게 나를 겨냥한 것이다.

① 주어＋针对＋목적어.

　　예 他总是针对我。그는 항상 나를 겨누었다.

② 주어＋针对＋어떤 문제점.

　　예 各家媒体针对学生减负问题大做文章。

　　각 매체는 학생들의 부담을 줄이는 문제에 대해 크게 문제 삼았다.

睁　zhēng

동 (눈을) 크게 뜨다. 반대말은 "闭"

예 ① 睁开眼睛(睁眼) 눈을 뜨다.

　　② 闭上眼睛(闭眼) 눈을 감다.

　　③ 睁一只眼闭一只眼 눈을 딱 감고 봐주다.

整个　zhěnggè

(1) 뗑 온.

예 整个国家 온 국가.

(2) 뛰 완전히.

예 他整个就是个大傻蛋。그는 완전히 바보이다.

争取　zhēngqǔ

(1) 뙹 쟁취하다. 얻어 내다.

예 争取机会 기회를 쟁취하다

争取权利 권력을 쟁취하다

争取利益 이익을 얻어 내다

(2) 뙹 실현하기 위해 노력하다.

예 我要争取提前完成任务。

나는 임무를 앞당겨 완성하기 위해 노력해야 한다.

指挥　zhǐhuī

(1) 뙹 지휘하다.

예 老师指挥我们度过了这道难关。

선생님은 우리를 지휘하여 이 난관을 통과했다.

(2) 뗑 지휘자.

예 这位是我们的音乐指挥老师。이분은 우리의 음악 지휘 선생님이시다.

(3) 뗑 지휘.

예 在他的指挥下, 我们顺利地完成了这份工作。

선생님의 지휘하에 우리는 순조롭게 이번 일을 완성했다.

重　zhòng

(1) 형 무겁다

　예 这个箱子很重。이 박스는 아주 무겁다.

(2) 형 심각하다.

　예 他的伤很重。그의 상처는 너무 심각하다.

　　这份礼实在太重了。이 선물은 너무 크다.

(3) 명 중량. 무게.

　예 举重 역도

(4) 동 중요하게 여기다. 중시하다.

　예 他是一个很重情的人。

　　그는 정을 중요하게 여기는 사람이다.

周到　zhōudào

형 세심하다. 치밀하다. 꼼꼼하다. "동사＋周到" 형태로도 쓰인다.

예 她既周到又热情。그는 세심하고도 열정적이다.

　办事周到 일하는 것이 꼼꼼하다

　考虑周到 생각이 치밀하다

抓紧　zhuājǐn

(1) 동 꽉 쥐다. 단단히 잡다.

　예 抓紧机会 기회를 잡다

　　抓紧时机 시기를 잡다

(2) 동 서둘러 하다.

　예 抓紧学习 서둘러 공부하다

祝福　　zhùfú

祝福와 祝贺의 구분

祝福 ： 동 축복하다. 아직 발생하지 않은 일에 대한 축복이다.

예 我祝福你事业有成, 心想事成。

나는 당신이 사업에서 성공하고 소원이 이루어지기를 축복한다.

명 축복. 축하.

예 这是我发自内心的真诚的祝福。

이것은 나의 진심에서 우러나온 성실한 축복이다.

祝贺 ： 동 축하하다. 이미 발생한 일에 대한 축복이다.

예 我祝贺你通过了这次考试。

당신이 이번 시험을 통과 한 것을 나는 축하한다.

追求　　zhuīqiú

(1) 동 추구하다.

예 他追求物质上的享受。 그는 물질 면에서의 향수를 추구한다.

(2) 동 (이성에게) 구애하다.

예 他追求那位姑娘很多年了。 그는 그 아가씨에게 구애한지 몇 년 되었다.

自信　　zìxìn

(1) 동 자신하다.

예 他自信自己能通过这次考试。

그는 자신이 이번 시험을 통과할 수 있으리라고 자신했다.

(2) 형 자신만만하다.

예 他非常自信。 그는 매우 자신만만했다.

(3) 명 자신감.

예 看起来, 他每天都充满自信。 보아하니, 그는 매일마다 자신감이 충만하다.

自由　　zìyóu

(1) 형 자유롭다.

예 这份工作很自由。 이 일은 아주 자유롭다.

(2) 명 자유.

예 每一个人都想拥有自由。 모든 사람들은 모두 자유를 갖고 싶어한다.

作为　　zuòwéi

(1) 동 …의 신분[자격]으로서. 목적어는 반드시 명사만 올 수 있다.

예 作为你的朋友, 我应该为你挺身而出。

너의 친구로서 나는 마땅히 너를 위하여 선뜻 나서야 한다.

(2) 명 성과. 성적.

예 有所作为 성과가 있다

爱护 àihù 동 소중히 하다

爱惜 àixī 동 아끼다, 소중히 하다

爱心 àixīn 명 사랑하는 마음

岸 àn 명 물가, 해안

安装 ānzhuāng 동 설치하다

棒 bàng 형 좋다

傍晚 bàngwǎn 명 저녁 무렵

办理 bànlǐ 동 처리하다

班主任 bānzhǔrèn 명 담임 교사

报告 bàogào 명 동 보고(하다)

包子 bāozi 명 (소가 든) 찐빵

悲观 bēiguān 형 비관적이다

被子 bèizi 명 이불

本科 běnkē 명 (대학교의) 학부 (과정)

本质 běnzhì 명 본질

便 biàn 부 곧

辩论 biànlùn 동 논쟁하다, 토론하다

鞭炮 biānpào 명 폭죽

标点 biāodiǎn 명 구두점

表情 biǎoqíng 명 표정

标志 biāozhì 명 동 표시(하다)

毕竟 bìjìng 부 결국, 끝내

比例 bǐlì 명 비중

丙 bǐng 명 천간(天干)의 셋째

病毒 bìngdú 명 바이러스

比如 bǐrú 접 예를 들어

必需 bìxū 동 반드시

玻璃 bōlí 명 유리

博物馆 bówùguǎn 명 박물관

脖子 bózi 명 목

布 bù 명 천, 베, 포

不安 bù'ān 형 불안하다

不必 búbì 부 …할 필요가 없다

补充 bǔchōng 동 보충하다

不断 búduàn 부 끊임없이, 계속해서

不好意思 bùhǎoyìsi 죄송하다, 미안하다

不见得 bújiànde 반드시…한 것은 아니다

部门 bùmén 명 부서

不免 bùmiǎn 부 피하지 못하다

不耐烦 búnàirán 형 귀찮다

不然 bùrán 접 그렇지 않으면

步骤 bùzhòu 명 (일이 진행되는) 순서

不足 bùzú 부족하다

财产 cáichǎn 명 재산

彩虹 cǎihóng 명 무지개

残疾 cánjí 명 장애

参考 cānkǎo 동 참고하다

惭愧 cánkuì 형 부끄럽다

餐厅 cāntīng 명 식당

参与 cānyù 동 참석하다

操场 cāochǎng 명 운동장

操心 cāoxīn 동 마음을 쓰다

册 cè 양 권

曾经 céngjīng 부 일찍이

厕所 cèsuǒ 명 화장실

测验 cèyàn 명 동 시험(하다)

插 chā 동 끼우다

差别 chābié 명 차별, 차이

常识 chángshí 명 상식, 일반 지식

产品 chǎnpǐn 명 제품

产生 chǎnshēng 동 생기다, 발생하다

朝代 cháodài 명 왕조의 연대, 조대

吵架 chǎojià 동 말다툼하다

彻底 chèdǐ 형 철저하다

车库 chēkù 명 차고

趁 chèn 개 (시간·기회 등을) 이용하여

称 chēng 동 (무게를) 측정하다, 재다

承担 chéngdān 동 맡다, 담당하다

程度 chéngdù 명 정도

成分 chéngfèn 명 성분

成果 chéngguǒ 명 성과

诚恳 chéngkěn 형 진실하다

承受 chéngshòu 동 받아들이다,
　　감당하다

成语 chéngyǔ 명 성어

称赞 chēngzàn 동 칭찬하다

成长 chéngzhǎng 동 성장하다

车厢 chēxiāng 명 화물칸

翅膀 chìbǎng 명 날개

宠物 chǒngwù 명 애완 동물

丑 chǒu 형 못생기다

臭 chòu 형 (냄새가) 지독하다

抽屉 chōuti 명 서랍

抽象 chōuxiàng 형 추상적이다

传播 chuánbō 동 전파하다

传递 chuándì 동 (차례차례) 전하다

窗帘 chuānglián 명 커튼

创造 chuàngzào 명 동 창조(하다)

传染 chuánrǎn 동 전염하다

出版 chūbǎn 동 출판하다

初级 chūjí 명 초급

处理 chǔlǐ 동 처리하다

出色 chūsè 형 특별히 좋다

出席 chūxí 동 회의에 참가하다,
　　출석하다

除夕 chúxī 명 섣달 그믐날

磁带 cídài 명 녹음·녹화용 테이프

此外 cǐwài 이 외에, 이 밖에

次要 cìyào 형 부차적인

从此 cóngcǐ 부 지금부터

从而 cóng'ér 접 따라서, 그리하여

匆忙 cōngmáng 형 매우 바쁘다

从前 cóngqián 명 이전

醋 cù 명 식초

促进 cùjìn 동 촉진시키다

措施 cuòshī 명 조치, 대책

错误 cuòwù 명 착오, 잘못

促使 cùshǐ 동 …하도록 (재촉)하다

达到 dádào 동 달성하다, 도달하다

打工 dǎgōng 동 아르바이트 하다

待遇 dàiyù 명 대우

打交道 dǎjiāodao 동 (사람끼리) 왕래하
다

淡 dàn 형 (맛이) 약하다, 싱겁다

单调 dāndiào 형 단조롭다

单独 dāntú 부 단독으로, 혼자서

挡 dǎng 동 막다, 가리다

当代 dāngdài 명 당대, 그 시대

担任 dānrèn 동 맡다, 담당하다

胆小鬼 dǎnxiǎoguǐ 명 겁쟁이

岛 dǎo 명 섬

到达 dàodá 동 도착하다

道理 dàolǐ 명 도리

倒霉 dǎoméi 형 재수 없다

打喷嚏 dǎpēntì 동 재치기를 하다

打听 dǎting 동 물어보다, 알아보다

大象 dàxiàng 명 코끼리

大型 dàxíng 명 대형

等待 děngdài 동 기다리다

等候 děnghòu 동 기다리다

登机牌 dēngjīpái 명 탑승권

递 dì 동 넘겨주다, 전해 주다

电池 diànchí 명 [전기] 전지

电台 diàntái 명 라디오 방송국

点头 diǎntóu 동 고개를 끄덕이다

点心 diǎnxin 명 과자

钓 diào 동 낚다

地道 dìdao 형 뛰어나다

地理 dìlǐ 명 지리

顶 dǐng 양 一顶帽子

丁 dīng 명 (순서·등급의) 네 번째

地区 dìqū 명 지역

的确 díquè 부 확실히

敌人 dírén 명 적

地震 dìzhèn 명 지진

冻 dòng 동 춥다, 차다

洞 dòng 명 (～儿) 구멍, 굴

动画片 dònghuàpiān 명 만화 영화

豆腐 dòufu 명 두부

短信 duǎnxìn 명 문자

度过 dùguò 동 (시간을) 보내다

堆 duī 양 무더기, 더미, 무리, 떼

对比 duìbǐ 동 대비하다, 대조하다

对待 duìdài 동 대처하다, (상)대하다

对方 명 duìfāng 상대방, 상대편

对手 duìshǒu 명 상대, 적수

对于 duìyú 개 …에 대해(서)
…에 대하여

吨 dūn 양 (중국식) 톤

蹲 dūn 동 쪼그리고 앉다, 웅크리고 앉다

躲藏 duǒcáng 동 숨다, 피하다

多亏 duōkuī 동 은혜를 입다, 덕택이다

独特 dútè 형 독특하다, 특별하다

恶劣 èliè 형 아주 나쁘다, 열악하다

发表 fābiǎo 동 발표하다

发愁 fāchóu 동 걱정하다, 근심하다

发达 fādá 형 (사물·사업이) 발달하다

发明 fāmíng 명 동 발명(하다)

翻 fān 동 뒤집다

反而 fǎn'ér 부 접 오히려

方 fāng 명 사각형

妨碍 fáng'ài 동 방해하다

方案 fāng'àn 명 방안

房东 fángdōng 명 집주인

方式 fāngshì 명 방식, 방법

放松 fàngsōng 동 느슨하게 하다

凡是 fánshì 부 대체로, 모든

发票 fāpiào 명 영수증

法院 fǎyuàn 명 법원

肺 fèi 명 허파, 폐

废话 fèihuà 명 쓸데없는 말[소리]

费用 fèiyòng 명 비용, 지출

肥皂 féizào 명 비누

分布 fēnbù 동 분포하다

奋斗 fèndòu 동 (목적을달성하기위해) 분투하다

纷纷 fēnfēn 부 계속해서

疯狂 gēngkuáng 형 미치다

风俗 fēngsú 명 풍속

风险 fēngxiǎn 명 위험(성), 모험

愤怒 fènù 형 분노하다

分配 fēnpèi 동 분배하다, 안배하다

分析 fēnxī 동 분석하다

否定 fǒudìng 동 부정하다

否认 fǒurèn 동 부정하다

扶 fú 동 부축하다

幅 fú 양 폭

服从 fúcóng 동 복종하다

辅导 fǔdǎo 동 (학습을) 도우며 지도하다

付款 fùkuǎn 동 돈을 지불하다

妇女 fùnǚ 명 부녀(자), 성인 여성

复制 fùzhì 동 복제하다

服装 fúzhuāng 명 복장, 의류

改革 gǎigé 명 동 개혁(하다)

概括 gàikuò 동 개괄하다, 총괄하다

改正 gǎizhèng 동 (잘못을·착오를) 시정 하다

干活儿 gànhuór 동 일하다, 노동하다

感激 gǎnjī 동 감격하다

赶紧 gǎnjǐn 부 서둘러, 재빨리

赶快 gǎnkuài 부 황급히, 재빨리

感想 gǎnxiǎng 명 느낌, 소감

搞 gǎo 동 처리하다

告别 gàobié 동 작별 인사를 하다

高档 gāodàng 형 고급의, 상등의

高速公路 gāosùgōnglù 명 고속 도로

隔壁 gébì 명 이웃집, 옆집

个别 gèbié 형 개별적인, 특별한

胳膊 gēbo 명 팔

革命 gémìng 명 동 혁명(하다)

根 gēn 명 뿌리

根本 gēnběn 명 근본

更加 gèngjiā 부 더욱

个人 gèrén 명 개인

格外 géwài 부 각별히, 유달리

各自 gèzì 대 각자, 제각기

鸽子 gēzi 명 [동물] 비둘기

公布 gōngbù 동 공포[공표]하다

工厂 gōngchǎng 명 공장

工程师 gōngchéngshī 명 엔지니어

功能 gōngnéng 명 기능

公平 gōngpíng 형 공평하다, 공정하다

工人 gōngrén 명 노동자

贡献 gòngxiàn 동 헌납하다, 봉납하다

工业 gōngyè 명 공업

公寓 gōngyù 명 아파트, 단체 기숙사

公元 gōngyuán 명 기원

公主 gōngzhǔ 명 공주

构成 gòuchéng 명 동 구성(하다)

沟通 gōutōng 동 교류하다

挂号 guàhào 동 등록하다, 접수시키다

官 guān 명 관료

观察 guānchá 동 관찰하다

观点 guāndiǎn 명 관점

广泛 guǎngfàn 형 광범(위)하다, 폭넓다

光滑 guānghuá 형 (물체의 표면이) 매끌 매끌하다

光临 guānglín 동 광림하시다

光盘 guāngpán 명 CD

关怀 guānhuái 동 배려하다

冠军 guànjūn 명 우승자, 우승팀

观念 guānniàn 명 관념, 생각

罐头 guàntou 명 통조림

管子 guǎnzi 명 파이프

古代 gǔdài 명 고대

古典 gǔdiǎn 형 고전적

姑姑 gūgu 명 고모

规模 guīmó 명 규모

古老 gǔlǎo 형 오래 되다

滚 gǔn 동 뒹굴다, 꺼져

锅 guō 명 솥, 냄비

过分 guòfèn 형 지나치다, 과분하다

国籍 guójí 명 (사람의) 국적

过期 guòqī 동 기일이 지나다

国庆节 guóqìngjié 명 국경절, 10월 1일

股票 gǔpiào 명 주식, (유가) 증권

固体 gùtǐ 명 고체

雇佣 gùyōng 동 고용하다

海关 hǎiguān 명 세관

海鲜 hǎixiān 몡 해산물, 해물
行业 hángyè 몡 직업, 직종, 업종
豪华 háohuá 혱 화려하고 웅장하다
好奇 hàoqí 혱 호기심을 갖다
何必 hébì 뮈 …할 필요가 있는가
合法 héfǎ 혱 법에 맞다, 합법적이다
合理 hélǐ 혱 합리적이다
恨 hèn 동 원망하다
横 héng 몡 가로의
合同 hétong 몡 계약서
核心 héxīn 몡 핵심
合作 hézuò 동 합작하다
壶 hú 몡 주전자
滑冰 huábīng 몡 스케이팅
划船 huáchuán 동 (노 따위로) 배를 젓다
怀念 huáiniàn 동 그리워하다
皇帝 huángdì 몡 황제
黄瓜 huángguā 몡 오이
皇后 huánghòu 몡 황후
慌张 huāngzhāng 혱 당황하다
缓解 huǎnjiě 동 (정도가) 완화되다
花生 huāshēng 몡 땅콩
话题 huàtí 몡 화제, 이야기의 주제
化学 huàxué 몡 화학
华裔 huáyì 몡 화교
蝴蝶 húdié 몡 나비
挥 huī 동 흔들다

灰尘 huīchén 몡 먼지
恢复 huīfù 동 회복하다
汇率 huìlǜ 몡 환율
灰心 huīxīn 동 의기소침하다
婚礼 hūnlǐ 몡 결혼식, 혼례
婚姻 hūnyīn 몡 혼인, 결혼
伙伴 huǒbàn 몡 동료, 친구
火柴 huǒchái 몡 성냥
忽视 hūshì 동 소홀히 하다
胡说 húshuō 동 헛소리하다
胡同 hútòng 몡 골목
糊涂 hútu 혱 어리석다
胡须 húxū 몡 수염
甲 jiǎ 몡 순서나 등급의 첫째
嘉宾 jiābīn 몡 귀빈
捡 jiǎn 동 줍다
煎 jiān 동 (적은 기름에) 지지다
肩膀 jiānbǎng 몡 어깨
剪刀 jiǎndāo 몡 가위
降落 jiàngluò 동 내려오다, 착륙하다
酱油 jiàngyóu 몡 간장
讲座 jiǎngzuò 몡 강좌
艰巨 jiānjù 혱 어렵고 힘들다
坚决 jiānjué 혱 (태도·행동 등이) 단호
　　하다
艰苦 jiānkǔ 혱 어렵고 고달프다
简历 jiǎnlì 몡 이력서

键盘 jiànpán 명 키보드(keyboard)

坚强 jiānqiáng 형 완강하다

建设 jiànshè 명 동 건설(하다)

健身房 jiànshēnfáng 명 헬스 클럽

建议 jiànyì 명 동 제안(하다)

简直 jiǎnzhí 부 정말로, 참으로

浇 jiāo 동 물을 대다

教材 jiàocái 명 교재

角度 jiǎodù 명 (문제를 보는) 각도

狡猾 jiǎohuá 형 교활하다, 간교하다

交换 jiāohuàn 동 교환하다

交际 jiāojì 동 교제하다, 서로 사귀다

教练 jiàoliàn 명 감독, 코치

郊区 jiāoqū 명 (도시의) 변두리

胶水 jiāoshuǐ 명 풀

驾驶 jiàshǐ 동 운전하다

家庭 jiātíng 명 가정

家务 jiāwù 명 가사, 집안일

家乡 jiāxiāng 명 고향

价值 jiàzhí 명 가치

假装 jiǎzhuāng 동 가장하다, (짐짓) …
　　　체하다

夹子 jiázi 명 집게, 클립

节 jié 양 (대의) 마디

接触 jiēchù 동 접촉하다

阶段 jiēduàn 명 단계

解放 jiěfàng 동 해방하다

结构 jiégòu 명 구조

借口 jièkǒu 명 동 구실(로 삼다)

结论 jiélùn 명 결론

解说员 jiěshuōyuán 명 해설자

戒烟 jièyān 동 담배를 끊다

结账 jiézhàng 동 계산하다, 결산하다

戒指 jièzhi 명 반지

及格 jígé 동 합격하다

激烈 jīliè 형 격렬하다, 치열하다

系领带 jìlǐngdài 동 넥타이를 매다

内科 nèikē 명 내과

能干 nénggàn 형 유능하다

能源 néngyuán 명 에너지원, 에너지

年代 niándài 명 시대, 시기, 연대

年纪 niánjì 명 나이, 연령

牛仔裤 niúzǎikù 명 청바지

浓 nóng 형 진하다, 농후하다, 짙다

农民 nóngmín 명 농민, 농부

农业 nóngyè 명 농업

女士 nǚshì 명 여사, 숙녀, 부인

排队 páiduì 동 줄을 서다

排球 páiqiú 명 배구

盼望 pànwàng 동 간절히 바라다

赔偿 péicháng 동 배상하다

佩服 pèifú 동 탄복하다, 감탄하다

配合 pèihé 동 협력하다, 호흡을 맞추다

培养 péiyǎng 동 배양하다

碰见 pèngjiàn 동 (우연히) 만나다

片面 piànmiàn 형 일방적이다, 단편적이다

疲劳 píláo 형 피곤 [피로·노곤]하다, 지치다

频道 píndào 명 채널(channel)

凭 píng 개 …에 의거하여

平等 píngděng 형 평등하다

平方 píngfāng 평방

平方米 píngfāngmǐ 평방미터

平静 píngjìng 형 (마음·환경 등이) 조용하다

平均 píngjūn 동 평균하다

品种 pǐnzhǒng 명 제품의 종류, 품종

皮鞋 píxié 명 가죽 구두

批准 pīzhǔn 동 허가하다, 승인하다

破产 pòchǎn 동 파산하다, 부도나다

破坏 pòhuài 동 (건축물 등을) 파괴하다

迫切 pòqiè 형 절박하다, 촉박하다

朴素 pǔsù 형 순박하고 꾸밈이 없다

牵 qiān 동 끌다, 잡아 끌다

欠 qiàn 동 빚지다

枪 qiāng 명 총, 一把手枪 권총 한대

强调 qiángdiào 동 강조하다

强烈 qiángliè 형 강렬하다, 맹렬하다

前途 qiántú 명 전도, 앞길, 전망

谦虚 qiānxū 형 겸손하다

签字 qiānzì 동 서명하다

瞧 qiáo 동 보다

巧妙 qiǎomiào 형 교묘하다

悄悄 qiāoqiāo 부 (소리나 행동을) 몰래

期待 qīdài 동 기대하다, 기다리다

气氛 qìfēn 명 분위기

奇迹 qíjì 명 기적

期间 qījiān 명 기간, 시간

亲爱 qīn'ài 형 친애하다, 사랑하다

勤奋 qínfèn 형 꾸준하다, 부지런하다

青春 qīngchūn 명 청춘, 아름다운 시절

清淡 qīngdàn 형 (음식이 기름지지 않고) 담백하다

情景 qíngjǐng 명 정경(情景), 광경, 장면, 모습

青少年 qīngshàonián 명 청소년

轻视 qīngshì 동 경시하다, 무시하다

情绪 qíngxù 명 정서, 감정, 마음, 기분

庆祝 qìngzhù 동 경축하다

勤劳 qínláo 형 (고생을 마다 않고) 열심히 일하다

侵略 qīnlüè 동 침략하다

亲切 qīnqiè 형 친절하다

亲自 qīnzì 부 직접 (하다), 손수, 친히

企图 qǐtú 명 의도

球迷 qiúmí 명 축구 팬(fan)

企业 qǐyè 명 기업

汽油 qìyóu 명 휘발유

其余 qíyú 대 나머지, 남은 것

娶 qǔ 동 아내를 얻다, 장가들다

劝 quàn 동 권하다, 권고하다

权利 quánlì 명 [법률] 권리

权力 quánlì 명 (정치적) 권력

全面 quánmiàn 명 형 전면(적이다)

确定 quèdìng 동 확정하다

缺乏 quēfá 동 결핍되다, 결여되다

确认 quèrèn 동 확인하다

趋势 qūshì 명 추세

去世 qùshì 동 돌아가다

取消 qǔxiāo 동 취소하다

嚷 rǎng 동 큰 소리로 부르다

热爱 rè'ài 동 뜨겁게 사랑하다

热烈 rèliè 형 열렬하다

忍不住 rěnbúzhù 동 견딜 수 없다, 참을
　　　　 수 없다

人才 réncái 명 (재덕을 겸비한) 인재

人口 rénkǒu 명 인구

人类 rénlèi 명 인류

人生 rénshēng 명 인생

人事 rénshì 명 인사

人物 rénwù 명 인물

人员 rényuán 명 인원, 요원

热心 rèxīn 형 적극적이다, 열성적이다

日常 rìcháng 형 일상의, 평소의

日程 rìchéng 명 일정

日历 rìlì 명 일력

日期 rìqī 명 (특정한) 날짜, 기간, 기일

日用品 rìyòngpǐn 명 일용품

融化 rónghuà 동 (얼음·눈 따위가) 녹다

荣幸 róngxìng 형 매우 영광스럽다

荣誉 róngyù 명 명예, 영예

如今 rújīn 명 지금, 이제, 오늘날, 현재

弱 ruò 형 허약하다, 약하다

洒 sǎ 동 흩뜨리다, 어지러이 떨어지다

嗓子 sǎngzi 명 목소리, 목청

杀 shā 동 죽이다, 살해하다, 잡다

晒 shài 동 햇볕을 쬐다, 햇볕에 말리다

沙漠 shāmò 명 [지리] 사막

删除 shānchú 동 빼다, 삭제하다, 지우다

闪电 shǎndiàn 명 [기상] 번개

上当 shàngdàng 동 속다, 꾐에 빠지다

商品 shāngpǐn 명 상품

商业 shāngyè 명 [경제] 상업

善良 shànliáng 형 선량하다, 착하다

善于 shànyú 동 …를 잘하다

扇子 shànzi 명 부채

勺子 sháozi 명 (조금 큰) 국자, 주걱

沙滩 shātān 명 [지리] 모래사장,
　　　　 모래톱

蛇 shé 명 뱀

设备 shèbèi 명 설비, 시설

舍不得 shěbude 동 …하기 아까워하다

伸 shēn 동 (신체나 물체의 일부분을) 펴다, 펼치다

身材 shēncái 명 몸매, 체격, 몸집

身份 shēnfen 명 신분, 지위

生产 shēngchǎn 동 생산하다

声调 shēngdiào 명 성조, 말투, 톤(tone)

生动 shēngdòng 형 생동감 있다, 생동하다

胜利 shènglì 명 동 승리(하다)

省略 shěnglǜ 동 생략하다, 삭제하다

绳子 shéngzi 명 (노)끈, 새끼, 밧줄

神话 shénhuà 명 신화

深刻 shēnkè 형 깊다

神秘 shénmì 형 신비하다

设施 shèshī 명 시설

射击 shèjī 명 동 사격(하다)

舌头 shétou 명 혀

摄影 shèyǐng 동 사진을 찍다

诗 shī 명 시(诗)

士兵 shìbīng 명 병사, 사병

时代 shídài 명 시대

似的 shìde 조 …와 같다, …와 비슷하다

是否 shìfǒu 부 …인지 아닌지

实话 shíhuà 명 실화, 참말, 솔직한 말

实践 shíjiàn 명 동 실천(하다)

使劲儿 shǐjìnr 동 힘내다

试卷 shìjuàn 명 시험지

时髦 shímáo 형 유행이다

失眠 shīmián 동 불면증에 걸리다

时期 shíqī 명 (특정한) 시기

失去 shīqù 동 잃다, 잃어버리다

时尚 shíshàng 형 도시적이다

事实 shìshí 명 사실

石头 shítou 명 돌

食物 shíwù 명 음식물

事物 shìwù 명 사물

实习 shíxí 동 실습하다

事先 shìxiān 명 미리

实行 shíxíng 동 실행하다

实验 shíyàn 명 동 실험(하다)

失业 shīyè 동 일을 잃다

实用 shíyòng 형 실용적이다

始终 shǐzhōng 부 시종일관, 줄곧

手工 shǒugōng 명 수공, 손으로 하는 일

收获 shōuhuò 동 [농업] 수확하다

收据 shōujù 명 영수증, 인수증

寿命 shòumìng 명 수명, 명, 목숨

受伤 shòushāng 동 부상당하다, 부상을 입다

手术 shǒushù 명 동 수술(하다)

手套 shǒutào 명 장갑

手续 shǒuxù 명 수속, 절차

手指 shǒuzhǐ 몡 손가락

双方 shuāngfāng 몡 쌍방, 양쪽, 양자

鼠标 shǔbiāo 몡 마우스(mouse)

蔬菜 shūcài 몡 채소, 야채

税 shuì 몡 세금, 세

书架子 shūjiàzi 몡 책꽂이

数据 shùjù 몡 데이터(data)

熟练 shúliàn 혱 능숙하다

数码 shùmǎ 몡 디지털(digital)

说不定 shuōbúdìng 부 아마

说服 shuōfú 동 설복하다

舒适 shūshì 혱 편(안)하다

属于 shǔyú 동 …에 속하다

梳子 shūzi 몡 빗

撕 sī 동 (손으로) 찢다

丝绸 sīchóu 몡 비단, 명주

丝毫 sīháo 부 조금도, 추호도

似乎 sìhū 부 마치 (…인 것 같다[듯하
다])

思考 sīkǎo 동 사고하다, 깊이 생각하다

寺庙 sìmiào 몡 사원, 절

私人 sīrén 혱 개인 간의, 개인과 개인 사
이의

思想 sīxiǎng 몡 사상, 의식

随时 suíshí 부 수시로, 언제나, 아무 때나

损失 shǔnshī 몡 동 손실(되다)

缩短 suōduǎn 동 단축하다, 줄이다

所谓 suǒwèi 혱 …라는 것은, …란

缩小 suōxiǎo 동 축소하다, 줄이다

宿舍 sùshè 몡 숙사, 기숙사

塔 tǎ 몡 탑

太极拳 tàijíquán 몡 태극권

太太 tàitai 몡 아내, 부인

谈判 tángpàn 동 담판하다, 협상하다

桃 táo 몡 (~儿) 복숭아

套 tào 양 벌, 조, 세트, 질

逃避 táobì 동 도피하다

疼爱 téng'ài 동 매우 귀여워하다

特殊 tèshū 혱 특수하다, 특별하다

特意 tèyì 부 특별히, 일부러

特征 tèzhēng 몡 특징

天空 tiānkōng 몡 하늘

田野 tiányě 몡 논밭과 들판

天真 tiānzhēn 혱 천진하다, 단순하다

调皮 tiáopí 혱 장난스럽다

挑战 tiǎozhàn 몡 동 도전(하다)

调整 tiáozhěng 동 조정하다, 조절하다

提倡 tíchàng 동 제창하다

提纲 tígāng 몡 (작문·학습 등의) 요점,
요강

体会 tǐhuì 동 체득하다, 이해하다

体积 tǐjī 몡 체적

题目 tímù 몡 제목, (시험의) 문제

体贴 tǐtiē 동 자상하게 돌보다 [보살피다]

提问 tíwèn 명 동 질문(하다)

体验 tǐyàn 명 동 체험(하다)

铜 tóng 명 동, 구리

通常 tōngcháng 명 평상시, 보통

痛苦 tòngkǔ 명 형 고통(스럽다)

痛快 tòngkuài 형 즐겁다, (성격이) 시원
시원하다

通讯 tōngxùn 명 동 통신(하다)

统一 tǒngyī 동 통일하다, 하나로 일치되
다

统治 tǒngzhì 동 통치하다, 다스리다

投资 tóuzī 명 동 투자(하다)

吐 tù 동 토하다, 게우다

土地 tǔdì 명 토지

土豆 tǔdòu 명 감자

推辞 tuīcí 동 거절하다, 사양하다

推广 tuīguǎng 동 널리 보급[확대·확충]
하다

推荐 tuījiàn 동 추천하다, 천거하다

退休 tuìtiū 동 퇴직하다

兔子 tùzi 명 토끼

外交 wàijiāo 명 외교

往返 wǎngfǎn 동 왕복하다, 오가다

王子 wángzǐ 명 왕자

玩具 wánjù 명 장난감, 완구

完美 wánměi 형 완미하다, 매우 훌륭하
다

完整 wánzhěng 형 완정하다, 온전하다

胃 wèi 명 위(장)

尾巴 wěiba 명 꼬리, 꽁무니

未必 wèibì 부 반드시 …한 것은 아니다

伟大 wěidà 형 위대하다

违反 wéifǎn 동 (법률·규정 따위를) 위
반하다

围巾 wéijīn 명 목도리, 머플러

未来 wèilái 명 미래, 미래의, 향후

卫生间 wèishēngjiān 명 화장실, 세면장

威胁 wēixié 명 동 협박(하다)

唯一 wéiyī 형 유일한, 하나밖에 없는

吻 wěn 동 입맞춤하다, 키스하다

稳定 wěndìng 형 안정되다

问候 wènhòu 동 안부를 묻다

文件 wénjiàn 명 공문, 서류

文具 wénjù 명 문구

温柔 wēnróu 형 부드럽고 상냥하다

文学 wénxué 명 문학

卧室 wòshì 명 와실, 침실

雾 wù 명 안개

物理 wùlǐ 명 물리

武术 wǔshù 명 무술

物质 wùzhì 명 물질

屋子 wūzi 명 방

吓 xià 동 무서워하다, 무섭게 하다

县 xiàn 명 현

显得 xiǎnde 图 …하게 보이다

项 xiàng 양 가지, 항목, 조목, 조항

相处 xiāngchǔ 图 함께 지내다

相处融洽 서로 사이좋게 지내다

相关 xiāngguān 图 관계가 있다(与…相
关)

项链 xiàngliàn 명 목걸이

项目 xiàngmù 명 과제, 프로젝트

想念 xiǎngniàn 图 그리워하다

橡皮 xiàngpí 명 지우개

象棋 xiàngqí 명 중국 장기

相似 xiāngsì 형 닮다, 비슷하다

想象 xiǎngxiàng 명 图 상상(하다)

象征 xiàngzhēng 명 图 상징(하다)

现金 xiànjīn 명 현금

显然 xiǎnrán 형 명백하다, 분명하다

现实 xiànshí 명 형 현실(적이다)

现象 xiànxiàng 명 현상

鲜艳 xiānyàn 형 산뜻하고 아름답다

小吃 xiǎochī 명 간식

消费 xiāofèi 图 소비하다

小伙子 xiǎohuǒzi 명 젊은이, 청년, 총각

效率 xiàolǜ 명 능률, 효율

小麦 xiǎomài 명 밀

消灭 xiāomiè 图 사라지게 하다

小气 xiǎoqì 형 인색하다, 마음 [속·도량
이 좁다

消失 xiāoshī 图 없어지다, 사라지다

销售 xiāoshòu 명 图 판매, 팔다

孝顺 xiàoshùn 图 형 효도하다, 효성스럽
다

小偷 xiǎotōu 명 도둑, 좀도둑

下载 xiàzài 图 다운로드하다

歇 xiē 图 휴식하다, 쉬다

斜 xié 형 비뚤다

细节 xìjié 명 자세한 사정

戏剧 xìjù 명 희극, 연극

信封 xìnfēng 명 편지봉투, 봉투

形成 xíngchéng 图 형성되다, 이루어지
다

行动 xíngdòng 명 图 행동(하다)

幸亏 xìngkuī 부 다행히, 요행으로

行人 xíngrén 명 행인, 길을 가는 사람

形容 xíngróng 图 형용하다, 묘사하다

形式 xíngshì 명 형식, 형태

形势 xíngshì 정세, 형편, 상황

行为 xíngwéi 명 행위, 행동

幸运 xìngyùn 형 운이 좋다, 행운이다

性质 xìngzhì 명 성질

形状 xíngzhuàng 명 형상, 겉모습

信号 xìnhào 명 신호, 사인

心理 xīnlǐ 명 심리

信息 xìnxī 명 정보, 소식

胸 xiōng 명 가슴, 흉부

兄弟 xiōngdì 몡 형과 아우, 형제

雄伟 xióngwěi 혱 웅장하다

修改 xiūgǎi 동 고치다

休闲 xiūxián 혱 한가하다, 한가롭다

宣布 xuānbù 동 선포하다, 공표하다

宣传 xuānchuán 동 선전하다, 홍보하다

选举 xuǎnjǔ 동 선거하다

学期 xuéqī 몡 학기

学术 xuéshù 몡 학술

学问 xuéwèn 몡 학문

训练 xùnliàn 동 훈련하다, 훈련시키다

迅速 xùnsù 혱 신속하다, 재빠르다

询问 xúnwèn 동 알아보다, 물어 보다

寻找 xúnzhǎo 동 찾다, 구하다

叙述 xùshù 동 서술하다, 기술하다

虚心 xūxīn 혱 겸손하다, 겸허하다

延长 yáncháng 동 연장하다

样式 yàngshì 몡 형식, 양식, 모양

阳台 yángtái 몡 발코니, 베란다

宴会 yànhuì 몡 연회, 파티

摇 yáo 동 흔들다, 흔들어 움직이다

腰 yāo 몡 허리

咬 yǎo 동 물다

夜 yè 몡 밤

液体 yètǐ 몡 액체

业务 yèwù 몡 업무

乙 yǐ 몡 두 번째

移动 yídòng 동 옮기다, 움직이다

遗憾 yíhàn 몡 동 유감(하다)

以及 yǐjí 접 및, 그리고

以来 yǐlái 몡 이래

议论 yìlùn 동 의논하다

一路平安 yílùpíng'ān 가시는 길에 평안
하시길 빕니다

移民 yímín 몡 동 이민(하다)

银 yín 몡 은

因而 yīn'ěr 접 그러므로, 따라서

硬币 yìngbì 몡 동전

应付 yìngfu 동 대강대강 하다

迎接 yíngjiē 동 마중하다

英俊 yīngjùn 혱 말쑥하다, 잘생기다

英雄 yīngxióng 몡 영웅

营养 yíngyǎng 몡 영양

营业 yíngyè 동 영업하다

应用 yīngyòng 동 응용하다, 이용하다

影子 yǐngzi 몡 그림자

因素 yīnsù 몡 요소, 요인

依然 yīrán 부 여전히

疑问 yíwèn 몡 의문

意义 yìyì 몡 의의, 의미

拥抱 yōngbào 동 포옹하다, 껴안다

勇气 yǒngqì 몡 용기

用途 yòngtú 몡 용도

幼儿园 yòu'éryuán 몡 유치원

优惠 yōuhuì 형 특혜의, 우대의

悠久 yōujiǔ 형 아득하게 오래다

邮局 yóujú 명 우체국

游览 yóulǎn 동 유람하다

有利 yǒulì 형 유리[유익]하다

优美 yōuměi 형 우아하고 아름답다

优势 yōushì 명 우세

犹豫 yóuyù 형 망설이다

油炸 yóuzhá 동 식용유로 튀기다

元旦 yuándàn 명 양력 1월 1일

缘故 yuángù 명 원인, 이유

原料 yuánliào 명 원료, 감

愿望 yuànwàng 명 희망, 소망

原则 yuánzé 명 원칙

预订 yùdìng 동 예약하다

预防 yùfáng 동 예방하다, 미리 방비하다

玉米 yùmǐ 명 옥수수

运气 yùnqi 명 운수, 운세

运输 yùnshū 동 운수하다, 운송하다

运用 yùnyòng 동 운용하다, 활용하다

语气 yǔqì 명 어투, 말투

宇宙 yǔzhòu 명 우주

灾害 zāihài 명 재난, 환난

赞成 zànchéng 동 찬성하다

赞美 zànměi 동 찬양하다

造成 zàochéng 동 (좋지 않은 결과를) 초
　　래하다

糟糕 zāogāo 형 엉망이 되다, 망치다

责备 zébèi 동 탓하다, 책망하다

涨 zhǎng 동 (수위나 물가 등이) 오르다

账户 zhànghù 명 계좌

展览 zhǎnlǎn 동 전람하다

粘贴 zhāntiē 동 붙이다

占线 zhànxiàn 동 (전화 선로가) 통화 중
　　이다

战争 zhànzhēng 명 전쟁

照常 zhàocháng 동 평소대로 하다

召开 zhàokāi 동 (회의를) 열다, 개최하
　　다

着凉 zháoliáng 동 감기에 걸리다

震动 zhèndòng 동 진동하다

诊断 zhěnduàn 동 진단하다

政策 zhèngcè 명 정책

政府 zhèngfǔ 명 정부

证件 zhèngjiàn 명 (신분증 등의) 증명서

证据 zhèngjù 명 증거

争论 zhēnglùn 동 쟁의하다, 논쟁하다

挣钱 zhèngqián 동 돈을 벌다

征求 zhēngqiú 동 탐방하여 구하다

整体 zhěngtǐ 명 (한 집단의) 전부, 일체

政治 zhèngzhì 명 정치

真理 zhēnlǐ 명 진리

真实 zhēnshí 형 진실하다 형 진실하다

枕头 zhěntou 명 베개

珍惜 zhēnxī 동 진귀하게 여겨 아끼다

哲学 zhéxué 명 철학

指导 zhǐdǎo 동 지도하다

制定 zhìdìng 동 제정하다, 작성하다

制度 zhìdù 명 제도

智慧 zhìhuì 명 지혜

至今 zhìjīn 부 지금까지

治疗 zhìliáo 동 치료하다

支票 zhīpiào 명 수표

执行 zhíxíng 동 집행하다, 실행하다

秩序 zhìxù 명 질서

志愿者 zhìyuànzhě 명 지원자

执照 zhízhào 명 면허증, 인가증

制作 zhìzuò 동 제작하다, 창작하다

中介 zhōngjiè 명 매개

重量 zhòngliàng 명 중량

中心 zhōngxīn 명 중심, 핵심, 센터

中旬 zhōngxún 명 중순

煮 zhǔ 동 삶다, 끓이다

转变 zhuǎnbiàn 동 전변하다

装 zhuāng 동 싣다, 적재하다, 담다

转告 zhuǎngào 동 전언하다

状况 zhuàngkuàng 명 상황, 상태

装饰 zhuāngshì 명 동 장식(하다)

状态 zhuàngtài 명 상태

专家 zhuānjiā 명 전문가

专心 zhuānxīn 형 전심전력하다

逐步 zhúbù 부 점차

注册 zhùcè 동 등록하다

主持 zhǔchí 동 주관하다, 주재하다

主观 zhǔguān 명 형 주관(적인다)

主人 zhǔrén 명 주인

主席 zhǔxí 명 (회의를 주재하는)의장. (국가의)주석

主张 zhǔzhāng 명 동 주장(하다)

嘱咐 zhǔfù 명 동 (분부)하다

竹子 zhúzi 명 대나무

紫 zǐ 형 자색의

自从 zìcóng 개 …에서, …부터

自动 zìdòng 형 주동적인, 자동으로

资格 zīgé 명 자격

自豪 zìháo 형 스스로 자랑스럽게 생각하다

资金 zījīn 명 자금

自觉 zìjué 동 스스로 느끼다

资料 zīliào 명 자료

字幕 zìmù 명 (영화의) 자막

姿势 zīshì 명 자세

自私 zìsī 형 이기적이다

咨询 zīxún 동 자문하다, 의견을 구하다

自由 zìyóu 명 형 자유(롭다)

资源 zīyuán 명 자원

自愿 zìyuàn 동 자원하다

总裁 zǒngcái 명 (기업의) 총수

总共 zǒnggòng 부 모두

综合 zōnghé 동 종합하다

宗教 zōngjiào 명 종교

总理 zǒnglǐ 명 총리

总算 zǒngsuàn 부 마침내, 드디어

总统 zǒngtǒng 명 대통령

总之 zǒngzhī 접 총괄하면

祖国 zǔguó 명 조국

组合 zǔhé 명 형 조합(하다)

醉 zuì 동 취하다

最初 zuìchū 명 최초, 처음

罪犯 zuìfàn 명 범인, 죄인

尊敬 zūnjìng 동 존경하다

遵守 zūnshǒu 동 (규정 등을) 준수하다,
    지키다

作品 zuòpǐn 명 작품

作文 zuòwén 명 작문

祖先 zǔxiān 명 선조, 조상

阻止 zǔzhǐ 동 저지하다

挨　ái

(1) 동 …을 받다. …을 당하다.

　　예 挨骂

(2) 동 어렵게 살아가다.

　　예 挨时间

安置　ānzhì

동 (사람이나 사물 등에게) 적절한 위치 [장소·일자리]를 찾아 주다.

예 安置这些员工是当务之急。

熬　áo

(1) 동 (양식 등을) 오래 끓이다. 푹 삶다.

　　예 熬粥

(2) 동 (통증·생활고 등을) 참다. 인내하다. 견디다.

　　예 熬夜

巴不得　bābude

동 간절히 원하다. 갈망하다. 몹시 바라다.

예 我巴不得自己可以快点儿毕业。

把关 bǎguān

[이합동사] 엄격히 심사하다. 중첩은 "把把关"이다.

예 你帮他把把关, 省得他走弯路。

败坏 bàihuài

(1) 동 (명예·풍속 등을) 손상시키다.

예 败坏声誉

(2) 형 부패하다. 타락하다.

예 人品败坏

拜年 bàinián

[이합동사] 세배하다. "给…拜年" 형식으로 쓰인다.

예 给爷爷拜年。

摆脱 bǎituō

동 (속박·규제·생활상의 어려움 등에서) 벗어나다. 빠져 나오다. 떨쳐버리다.

예 摆脱困境 / 难关

爆发 bàofā

동 (화산, 감정, 전쟁 등이) 폭발하다.

예 爆发战乱。

我心中的怒火爆发了。

火山爆发了。

包袱　　bāofu

(1) 몡 (옷·물건 따위를 싸는) 보. 보자기.
(2) 몡 [비유] 부담. 짐.
　　예 生活包袱

保管　　bǎoguǎn

(1) 동 보관하다.
　　예 保管箱子
(2) 부 꼭. 틀림없이. 어김없이.
　　예 只要你努力学习, 保管取得好成绩。

曝光　　bàoguāng

동 [비유] 폭로되다. 노출되다. 드러나다. 주로 떳떳하지 못한 일을 가리킴.
예 丑闻曝光后, 她自杀了。

饱和　　bǎohé

형 (사물의 상태가) 포화 상태에 이르다.
예 人才饱和。

保守　　bǎoshǒu

(1) 형 보수적이다.
　　예 我妈妈很保守。
(2) 동 고수하다. 지키다.
　　예 你一定要为我保守机密。

报销　bàoxiāo

동 (사용 경비를) 청구하다. [비유] (사람이나 사물을) 없애 버리다. 처치하다.

예 这个书包又报销了。

包装　bāozhuāng

(1) 동 (물건을) 포장하다. [비유] (사람이나 사물을) 포장하다.

예 我们公司决定包装他。

(2) 명 포장.

예 在现代社会, 包装很重要。

把戏　bǎxì

(1) 명 [비유] 수단. 농간.

예 不要在我面前耍把戏。

(2) 명 마술.

예 看把戏

崩溃　bēngkuì

동 (정신·정치·경제·군사 등이) 붕괴[붕궤]하다. 파산하다. 파괴되다. 와해되다.

예 政治体系崩溃

本着　běnzhe

개 …에 의거하여. …을[를] 기준으로.

예 我们要本着实事求是的精神处理这个问题。

扁　biǎn

(1) 형 평평하다. 납작하다.

(2) 형 [비유] 얕보다. 깔보다.

　예 他总是把人看扁。

遍布　biànbù

동 널리 퍼지다. 뒤에 흔히 장소를 나타내는 목적어가 온다.

예 广告遍布大街小巷。

便利　biànlì

(1) 형 편리하다.

　예 地铁站就在附近,很便利。

(2) 동 편리하게 하다.

　예 电脑的出现大大便利了我们的生活。

辫子　biànzi

(1) 명 땋은 머리. 변발.

　예 扎辫子

(2) 명 [비유] 결점. 약점.

　예 你别总抓别人的小辫子。

憋　biē

(1) 동 답답하게 하다.

　　예 教室里很憋。

(2) 동 참다. 억제하다.

　　예 憋着一肚子的气。

比方　bǐfang

(1) 접 예컨대. 예를 들어.

(2) 명 비유. 예.

　　예 打比方来讲。

(3) 접 만약. 만일.

　　예 比方说。

碧玉　bìyù

(1) 명 벽옥(碧玉).

(2) 명 [비유] 예쁘고 귀여운 아가씨[소녀].

　　예 小家碧玉 가난한 집안의 예쁜 아가씨.

步伐　bùfá

(1) 명 걸음걸이. 발걸음.

(2) 명 [비유] (일이 진행되는) 속도. 순서.

　　예 加快步伐

不堪　bùkān

(1) 동 …할 수 없다. [주로 나쁜 방면에 쓰임]

　예 不堪入耳

(2) 형 (부정적인 의미로)몹시 심하다. 주로 형용사 뒤에 위치한다.

　예 陈旧不堪

(3) 형 엉망이다. 형편 없다. 돌이킬 수 없는 지경이다.

　예 他也太不堪了。

不愧　búkuì

동 …에 부끄럽지 않다. 대부분 '为(wéi)'、'是(shì)'가 이어 씀.

예 他不愧是我们班的班长。

不由得　bùyóude

(1) 부 저절로. 자연히. 저도 모르게.

　예 看见多年的老朋友, 我不由得激动起来。

(2) 동 허용하지 않다. …하지 않을 수 없다.

　예 赢了就是赢了, 不由得你不服气。

不止　bùzhǐ

(1) 동 멈추지 않다. 그치지 않다.

　예 雨下个不止。

(2) 동 …에 그치지 않다.

　예 他的个子不止一米七。

操纵　cāozòng

(1) 동 (기계·기기 등을) 제어하다. 다루다. 조작하다.

　예 操纵电脑

(2) 동 (부당한 방법으로) 조종하다. 조작하다.

　예 他操纵了整件事情。

岔　chà

(1) 명 (산맥·하류(河流)·도로의) 분기점.

　예 三岔路口 삼거리 입구

(2) 동 (시간의) 충돌을 피하다.

　예 我们得把英语课和汉语课的时间岔开。

(3) 동 (말을 끊고) 화제를 바꾸다. 말머리를 돌리다.

　예 把话岔开。

(4) 명 (～儿) 착오. 실수. 사고. 오류. 문제.

　예 出岔儿

搀　chān

(1) 동 부축하다. 돕다. 붙잡다.

　예 搀着奶奶过马路。

(2) 동 섞다. 타다. 혼합하다.

　예 在水里搀些白糖。

馋 chán

(1) 동 게걸스럽다. 식탐하다. 군침이 돌다.

　　예 嘴馋

(2) 동 몹시 부러워하다. 탐내다. 눈독을 들이다.

　　예 眼馋

敞开 chǎngkāi

(1) 동 활짝 열다.

　　예 敞开门

(2) 부 한껏. 마음대로. 실컷.

　　예 有不满就敞开儿说吧。

缠绕 chánrào

(1) 동 둘둘 감다. 얽히다. 휘감다.

　　예 树枝紧紧地缠绕在树干上。

(2) 동 얽매다. 방해하다. 거치적거리다.

　　예 这件事一直缠绕着我, 使我久久不能释怀。

沉淀 chéndiàn

(1) 동 [화학] 침전하다. 가라앉다.

(2) 동 [비유] 모이다. 쌓이다.

　　예 这些经验沉淀下来, 就促成了这次的成功。

澄清　chéngqīng

(1) 동 (인식·문제 등을) 분명히 하다.

　예 澄清事实

(2) 형 맑고 깨끗하다.

　예 澄清的海水

沉闷　chénmèn

(1) 형 답답하다. 우울하다. 울적하다.

　예 心情沉闷

(2) 형 (분위기·날씨 등이) 음울하다.

　예 气氛沉闷

充实　chōngshí

(1) 형 (주로 내용·인원·재력 등이) 충분하다. 풍부하다. 넘치다.

　예 我在中国的留学生活很充实。

　　나의 중국에서의 유학은 매우 보람있었다.

(2) 동 충족시키다. 강화하다. 보강하다.

　예 我得好好儿充实一下自己的业余生活。

　　나는 나의 여가 생활을 충실히 해야 겠다.

穿越　chuānyuè

동 (산·들 등을) 넘다. 통과하다. 지나가다.

예 ①穿越山林　　②穿越时间　　③穿越空间

锤　chuí

(1) 명 (～儿) 쇠망치. 장도리. 해머.

　예 铁锤儿

(2) 동 쇠망치로 치다 [두드리다].

　예 我用力地锤墙。

刺　cì

(1) 동 (뾰족한 물건으로) 찌르다. 뚫다.

　예 吃鱼的时候，我不小心被刺到了。

(2) 동 자극하다. 건드리다.

　예 外面的阳光很刺眼。

(3) 명 (～儿) 가시. 바늘. [가시나 바늘 같은 것]

　예 仙人掌浑身上下都是刺。

摧残　cuīcán

동 (정치 · 경제 · 문화 · 심신등에) 심한 손상을 주다.

예 婚姻的失败摧残着我的身心。

搭　dā

(1) 동 널다. 걸치다. 걸다.

　예 我把洗干净的衣服搭在衣架上。

(2) 동 잇다. 연결되다.

　예 前言不搭后语

(3) 동 (자동차·배·비행기 등을) 타다.

　　예 我要搭最早的飞机去中国。

(4) 동 (짝·조 등이) 되다. 결탁하다.

　　예 搭伴

大不了　dàbuliǎo

(1) 형 대단하다. 굉장하다. [주로 부정형이나 반어로 쓰임]

　　예 不就是通过了HSK六级嘛, 我觉得没什么大不了的。

(2) 부 기껏해야. 고작.

　　예 大不了亲自去一趟, 不用担心。

答复　dáfù

(1) 동 (요구나 문제에 대해) 회답하다. 답변하다.

　　예 我真是不知道应该怎样答复他。

(2) 명 답변. 회답. 대답

　　예 贵公司到现在也没有给我们答复。

大量　dàliang

(1) 형 대량의.

　　예 我们公司从贵公司那儿定了大量货物。

(2) 형 도량이 넓다. 관대하다.

　　예 我知道您大量, 不会和我们计较的。

搭配　　dāpèi

(1) 동 결합하다. 조합하다.

　　예 学习汉语时, 要特别注意词语和词语的搭配。

(2) 형 잘 어울리다. 걸맞다. 짝이 맞다. 딱 맞다.

　　예 白色的上衣和蓝色的牛仔裤很搭配。

大肆　　dàsì

부 제멋대로. 함부로. 마구. 거리낌없이. [주로 나쁜 짓을 하는 것을 가리킴]

예 记者们大肆地报道着有关那个女明星的绯闻。

大体　　dàtǐ

(1) 부 대체로. 대략.

　　예 这篇文章大体可以分为五部分。

(2) 명 중요한 이치 [도리]. 대체. 대국.

　　예 这个女孩子很识大体。

得力　　délì

(1) 동 도움을 받다. 힘을 얻다.

　　예 这次工程顺利的完成, 我们真是得他的力了。

(2) 형 유능하다.

　　예 他是我们老板得力的助手。

蹬　dēng

(1) 图 (발에 힘을 주어) 밟다. 딛다.

예　我的一只脚蹬在窗台上，一只脚悬空。

(2) 图 [방언] 방치하다. 던져 버리다. 가려 내다.

예　他把女朋友蹬了。

颠簸　diānbǒ

图 (위아래로) (뒤)흔들리다. 요동하다.

예　路凹凸不平，车颠簸得厉害。

典型　diǎnxíng

(1) 图 전형. 대표적인 인물[일].

예　学校最近在抓典型，所以大家不要犯错误。

(2) 图 전형적인.

예　这道题非常典型，考试时经常出现。

点缀　diǎnzhuì

图 단장하다. 꾸미다. 장식하다. 돋보이게 하다. 아름답게 하다.

예　一篇好文章深度最重要，而不是华丽词语的点缀。

跌　diē

(1) 图 (몸이 균형을 잃고) 쓰러지다. 넘어지다. 자빠지다. 엎어지다.

예　在哪儿跌倒就在哪儿爬起来。

(2) 동 (물가가) 내리다. 떨어지다.

　예 最近物价跌得厉害。

(3) 동 (물체가) 떨어지다. 낙하하다.

　예 一不小心, 跌到水里去了。

定期　　dìngqī

(1) 동 날짜를 [기일을·기한을] 정하다.

　예 我们定期一年内完成这次工程。

(2) 형 정기의. 정기적인.

　예 这张存折是定期的。

冻结　　dòngjié

(1) 동 얼다. 얼리다.

　예 突然降温, 马路上的水都冻结成冰了。

(2) 동 (자금·인원 등을) 동결하다.

　예 破产以后, 我的全部财产都被冻结了。

动脉　　dòngmài

(1) 명 동맥.

(2) 명 (교통의) 동맥. 주요 간선.

　예 交通动脉

动态　　dòngtài

(1) 명 (일·사건의) 변화 [발전]하는 상태.

　　예 地球是动态的, 不是静态的。

(2) 명 동태. 변화의 추이[동향].

　　예 我们一定要观察好股市动态, 然后再决定购买哪支股。

兜　　dōu

(1) 명 (～儿) 호주머니. 주머니. 자루.

　　예 这条裤子很有个性, 一共20个兜儿。

(2) 동 책임을 지다.

　　예 你尽管大胆地去做, 有什么问题我兜着。

端　　duān

(1) 형 똑바르다. 곧다. 바르다. 단정하다.

　　예 你坐端正点儿。

(2) 동 받들다. 받쳐 들다.

　　예 我端着一盘西瓜走进了屋里。

端正　　duānzhèng

(1) 형 단정하다. 똑바르다.

　　예 作为一个知识分子, 言行要端正。

(2) 동 바로잡다. 바르게 하다.

　　예 请端正一下你的态度。

兑现　duìxiàn

(1) 통 약속을 실행하다 [이행하다].

　예 我妈妈从来都没有兑现过自己的诺言。

(2) 통 (수표·어음 등을) 현금으로 바꾸다.

　예 我要把这些商品券都兑现。

顿时　dùnshí

부 갑자기. 곧바로. 바로. 문득. 일시에. [단지 지나간 사실을 서술하는 데에만 쓰임]

예 安静的教室顿时沸腾起来了。

发动　fādòng

(1) 통 시동을 걸다. 기기를 돌리다[운전시키다].

(2) 통 일으키다. 발동하다. 발발시키다.

　예 发动战争

放手　fàngshǒu

(1) 통 (물건을 잡았던) 손을 놓다.

(2) 통 포기하다.

　예 对于我们之间的爱情, 我还是选择了放手。

沸腾　fèiténg

(1) 통 들끓다. 물 끓듯 떠들썩하다.

　예 十分钟以后, 壶里的水沸腾了。

(2) ⑧ 물 끓듯 떠들썩하다.

　예 安静的教室里一下子沸腾起来。

风暴　fēngbào

(1) ⑲ 폭풍. 폭풍우.

　예 天气预报说, 明天有大风暴。

(2) ⑲ 어려운 사태. 위기. 동란.

　예 随着美国几大企业的破产, 又掀起了一场经济风暴。

封闭　fēngbì

⑧ 봉하다. 밀봉하다. 폐쇄하다. 봉쇄하다.

　예 封闭通道

分量　fènliàng

(1) ⑲ 중량. 무게. 분량.

　예 这袋大米的分量不轻。

(2) ⑲ (문장·말 등의) 무게. 중량. 뜻. 가치를 비유.

　예 这篇文章很有分量。

感染　gǎnrǎn

(1) ⑧ 감염되다. 전염되다.

　예 我的伤口感染了, 现在已经不能走路了。

(2) ⑧ 영향을 끼치다. 감화시키다. 감동시키다.

　예 他的勤奋感染了我。

高峰　gāofēng

(1) 뗑 최고위층.

　예 珠穆朗玛峰是世界的最高峰。

(2) 뗑 절정. 극치. 정점. 최고조. 클라이맥스.

　예 科学的高峰

巩固　gǒnggù

(1) 혱 견고하다. 공고하다. 튼튼하다. [주로 추상적인 사물에 쓰임]

　예 他的地位很巩固，不会被动摇的。

(2) 동 견고하게 [공고히] 하다. 튼튼히 다지다.

　예 巩固基础知识

光彩　guāngcǎi

(1) 뗑 빛. 광채. 빛깔.

(2) 혱 영예롭다. 영광스럽다. 체면이 서다.

　예 你取得了第一名，作为你老师，我觉得很光彩。

规范　guīfàn

(1) 뗑 규범. 표준. 준칙.

　예 这是公司的规范。

(2) 동 규범화하다.

　예 我们应该规范一下内部的体制。

(3) 혱 규범에 맞는. 규범적인.

　예 国营企业的体制很规范。

狠心　　hěnxīn

(1) 〔동〕 모질게 마음먹다.

　　〔예〕 我就是不能狠下心来学习。

(2) 〔형〕 모질다. 잔인하다.

　　〔예〕 她是一位狠心的母亲。

(3) 〔명〕 모진 마음.

健全　　jiànquán

(1) 〔형〕 건강하고 온전하다. 완벽하다.

(2) 〔동〕 완전하게 하다.

　　〔예〕 健全设备

交代　　jiāodài

(1) 〔동〕 알려 주다. 인계하다. 건네주다.

　　〔예〕 交待工作

(2) 〔동〕 (자신의 의도를) 설명하다. 주문하다. 당부하다.

　　〔예〕 母亲一再交待我别忘了。

(3) 〔동〕 (자신의 잘못을) 고백하다.

　　〔예〕 交待错误

跨　　kuà

(1) 〔동〕 (큰 걸음으로) 뛰어넘다. 건너뛰다.

　　〔예〕 跨步走

(2) 동 (두 다리를 벌리고) 걸터앉다.

예 你把两条腿跨在马背上。

捞　lāo

(1) 동 (물이나 그 밖의 액체 속에서) 건지다. 끌어올리다.

(2) 동 (물고기를) 잡다.

예 捞鱼

(3) 동 (부정한 수단으로) 얻다.

예 我要趁老板不在想大捞一笔。

敏锐　mǐnruì

(1) 형 (감각이) 빠르다.

예 女孩子的感觉一般很敏锐。

(2) 형 (눈빛이) 날카롭다.

예 他的目光很敏锐。

沐浴　mùyù

(1) 동 목욕하다.

예 我每天都要沐浴一个小时。

(2) 동 (어떤 좋은 분위기에) 푹 빠지다. 흠뻑 젖다.

예 她沐浴在甜美的爱情之中。

翘 qiào

(1) 〔형〕 휘다. 뒤틀리다.

  〔예〕 翘尾巴

(2) 〔동〕 (고개를) 치켜들다. 곧추세우다.

  〔예〕 翘目远望

曲折 qūzhé

(1) 〔형〕 굽다. 구불구불하다.

  〔예〕 这条路很曲折。

(2) 〔형〕 우여곡절. 복잡한 사정.

  〔예〕 他的人生充满了酸甜苦辣, 真可谓曲曲折折啊。

疏忽 shūhū

(1) 〔동〕 소홀히 하다. 등한히 하다.

  〔예〕 我们做家长的常常疏忽孩子的心理。

(2) 〔형〕 부주의하다. 경솔하다.

  〔예〕 你真是太疏忽了。

(3) 〔명〕 (꼼꼼하지 못해 저지르는) 실수.

  〔예〕 这次竞标的失败完全是我的疏忽。

糖葫 tánghúlu

〔명〕 산사자 · 해당화 열매 등을 꼬챙이에 꿰어 설탕물 · 엿 등을 발라 굳힌 것

瘫痪　tānhuàn

(1) 동 반신불수가 되다. 중풍이 들다. 마비되다.

　예 他瘫痪在床十几年。

(2) 동 [비유] (조직 따위가) 마비되다. 정지되다.

　예 一场大雨导致了整个交通的瘫痪。

踏实　tāshí

(1) 형 마음이 놓이다. 편안하다. 안정되다.

　예 只要有你在我的身边，不论何时我都觉得很踏实。

(2) 형 (태도가) 착실하다. 성실하다.

　예 他是一个踏实认学的好学生。

投机　tóujī

(1) 형 견해가 일치하다.

　예 第一次见面就成为了好朋友，是因为我们很投机。

(2) 동 투기하다.

　예 他很会做投机生意。

团结　tuánjié

(1) 동 단결하다. 뭉치다. 단합하다.

　예 我们应该团结一切可以团结的力量。

(2) 형 화목하다. 우호적이다.

　예 他们一家人很团结。

吞咽　　tūnyàn

(1) 동 (통째로) 삼키다.

　　예 吃东西的时候，不要吞咽。

(2) 동 말을 하려 하다가 참다. 말을 삼키다.

　　예 他想要说什么，但又吞咽回去了。

脱离　　tuōlí

(1) 동 (어떤 상황·환경에서) 벗어나다. 떠나다. 이탈하다.

　　예 我要快点儿脱离这恶劣的环境。

(2) 동 (관계·연계 등을) 단절하다. 끊다.

　　예 我们脱离了母女关系。

外行　　wàiháng

(1) 명 문외한. 비전문가. 풋내기.

　　예 对于文学，我就是一个外行。

(2) 형 (어떤 일에 대해) 문외한이다.

　　예 对于文学，我很外行。

胃口　　wèikǒu

(1) 명 식욕.

　　예 一到夏天，我就没有什么胃口。

(2) 명 (어떤 일이나 활동에 대한) 흥미. 구미. 욕구. 욕심.

　　예 他这个人胃口很大啊。

为首　wéishǒu

동 …을[를] 우두머리[대표 · 리더 · 선두 · 진두 지휘자]로 하다.

예 我们这个技术小组以李教授为首。

温和　wēnhé

(1) 형 (기후가) 따뜻하다. 온난하다.

예 南北气温差异很大, 南方温和, 北方寒冷。

(2) 형 (성격 · 태도 · 말투 등이) 온화하다. 부드럽다.

예 这个女孩子说话时很温和。

相应　xiāngyìng

(1) 동 상응하다. 어울리다.

예 当情况发生变化时, 政策也要相应地作出调整。

(2) 형 적합하다. 적절하다. 알맞다.

예 这件衣服很相应。

线索　xiànsuǒ

(1) 명 실마리. 단서.

예 警察们终于找到了一丝线索。

(2) 명 (작품의) 줄거리. 맥락. 구성.

예 这篇文章是按时间线索进行展开的。

胸怀　xiōnghuái

(1) 명 가슴. 흉부.

(2) 명 포부. 흉금. 도량. 지향.

　예 胸怀大志

(3) 동 가슴[마음]에 품다.

　예 胸怀祖国

嗅觉　xiùjué

(1) 명 후각.

(2) 명 사물을 판별하는 능력.

　예 他的政治嗅觉很灵敏。

摇摆　yáobǎi

(1) 동 흔들거리다. 흔들흔들하다.

　예 那只小狗一直摇摆着尾巴, 真可爱。

(2) 동 (입장·관점 등이) 동요되다.

　예 他的立场摇摆不定, 就是不能拿定主意。

要命　yàomìng

(1) 부 엄청. 아주. 몹시.

　예 累得要命

(2) 동 죽을 지경이다. 귀찮아 죽겠다.

压抑　yāyì

(1) 형 답답하다. 부자연스럽다.

　예 班里的气氛很沉闷, 也很压抑。

(2) 동 억누르다. 억제하다. 억압하다.

　예 他一直压抑着自己手下的员工。

异常　yìcháng

(1) 형 심상치 않다. 예사롭지 않다. 정상이 아니다.

　예 今天他的行为举止很异常。

(2) 부 특히. 대단히. 몹시.

　예 今天班里的气氛异常活跃。

冤枉　yuānwang

(1) 형 억울하다.

　예 我被撤职很冤枉。

(2) 동 억울한 누명을 씌우다.

　예 我们不会冤枉一个好人, 也不会放过一个坏人。

砸　zá

(1) 동 (무거운 것으로) 눌러 으스러뜨리다.

　예 从楼上掉下来的花盆砸伤了我的脚。

(2) 동 실패하다. 망치다.

　예 这次考试又砸了。

震惊　zhènjīng

(1) 휑 깜짝 놀라게 하다. 경악하게 하다.

　예 对于他结婚的消息，我很震惊。

(2) 동 깜짝 놀라다.

　예 这个消息震惊了全国。

支撑　zhīchēng

(1) 동 버티다. 받치다.

　예 几块木板支撑起这把椅子。

(2) 동 견디다. 지탱하다.

　예 他一个人支撑起一个五口之家。

制服　zhìfú

(1) 명 제복.

　예 我们单位的制服是免费提供给员工的。

(2) 동 제압하다. 굴복시키다. 정복하다.

　예 最终，我还是把他给制服了。

支柱　zhīzhù

(1) 명 지주. 받침대. 버팀목. 기둥.

(2) 명 [비유] 지주. 기둥. 중견. [정신적·사상적으로 의지할 수 있는 근거나 힘]

　예 爸爸是我们家的经济支柱。

滋长　　zīzhǎng

(1) 동 생장하다. 자라다.

　예 春天到了, 万物开始滋长起来。

(2) 동 발생과 발전. [주로 추상적인 사물에 쓰임]

　예 不可滋长孩子的坏习惯。

纵横　　zònghéng

(1) 명 가로 세로가 뒤얽히는 모양.

(2) 동 종횡무진하다. 거침없이 내닫다.

　예 地质考察队在三个月内纵横数省。

左右　　zuǒyòu

(1) 명 주위. 옆. 곁.

　예 护士一直守护在伤者左右。

(2) 명 주변 사람.

　예 你就是我的左右手。

(3) 명 가량. 안팎. 만큼. 내외. 쯤.

　예 他三十岁左右。

(4) 동 통제하다. 좌우하다. 좌지우지하다. 지배하다.

　예 即使是我妈妈, 也别想左右我。

四 字成语

爱不释手 àibúshìshǒu	너무나 좋아하여 차마 손에서 떼어 놓지 못하다.
安居乐业 ānjūlèyè	안정된 생활을 누리며 즐겁게 일하다
拔苗助长 bámiáozhùzhǎng	일을 급하게 이루려고 하다가 도리어 일을 그르치다.
半途而废 bàntú'érfèi	일을 중도에 그만두다
饱经沧桑 bǎojīngcāngsāng	세상만사의 변화를 실컷 경험하다.
博大精深 bódàjīngshēn	사상 · 학식이 넓고 심오하다.
波涛汹涌 bōtāoxiōngyǒng	파도가 거세다. 물결이 거세다
不可思议 bùkěsīyì	(사물의 상황 · 발전 · 변화 혹은 이론에 대해) 이해할 수 없다.
不相上下 bùxiāngshàngxià	수준이 대등하다.
不屑一顾 búxièyígù	거들떠볼 가치도 없다.
不言而喻 bùyán'éryù	말하지 않아도 안다.
不择手段 bùzéshǒuduàn	목적을 달성하기 위하여 수단 방법을 가리지 않다.
层出不穷 céngchūbùqióng	끊임없이 나타나다
称心如意 chènxīnrúyì	마음에 꼭 들다. 자기 마음에 완전히 부합되다.
川流不息 chuānliúbùxī	(행인 · 차량 등이) 냇물처럼 끊임없이 오가다. 꼬리에 꼬리를 물고 이어지다.
从容不迫 cóngróngbúpò	매우 침착하다. 허둥대지 않다. 태연자약하다.
当务之急 dāngwùzhījí	당장 급히 처리해야 하는 일. 급선무.
得不偿失 débùchángshī	얻는 것보다 잃는 것이 더 많다.
得天独厚 détiāndúhòu	1. 우월한 자연 조건을 갖고 있다. 2. 특별히 좋은 조건을 갖추다.
丢三落四 diūsānlàsì	이것저것 빠뜨리다. 건망증이 심하여 이 일 저 일 잘 잊어버리다.

东张西望 dōngzhāngxīwàng   여기저기 두리번거리다. 이쪽 저쪽을 연달아 돌아보다.

断断续续 duànduànxùxù   끊어졌다 이어졌다 하다.

飞禽走兽 fēiqínzǒushòu   금수(禽兽). 조수(鸟兽).

风土人情 fēngtǔrénqíng   지방의 특색과 풍습. 풍토와 인심.

根深蒂固 gēnshēndìgù   기초가 튼튼하여 쉽게 흔들리지 않다.

各抒己见 gèshūjǐjiàn   각자 자기의 의견을 발표하다.

供不应求 gōngbùyìngqiú   공급이 수요를 따르지 못하다. 공급이 딸리다.

归根到底 guīgēndàodǐ   근본으로 돌아가다. 결국. 끝내.

后顾之忧 hòugùzhīyōu   1. 뒷걱정. 뒷근심.

2. 후방 걱정. 가족 걱정.

恍然大悟 huǎngrándàwù   문득 모든 것을 깨치다. 갑자기 모두 알게 되다. 마음이 탁 트이다.

画蛇添足 huàshétiānzú   1. 뱀을 그리는 데 다리를 그려 넣다.

2. 재주를 피우려다 일을 망치다.

见多识广 jiànduōshíguǎng   보고 들은 것이 많고 식견도 넓다.

家喻户晓 jiāyùhùxiǎo   1. 집집마다 다 알다.

2. 사람마다 모두 알다.

竭尽全力 jiéjìnquánlì   모든 힘을 다 기울이다.

急功近利 jígōngjìnlì   조급한 성공과 눈앞의 이익에만 급급하다.

精打细算 jīngdǎxìsuàn   세밀하게 계산하다. 면밀하게 계획하다.

兢兢业业 jīngjīngyèyè   신중하고 조심스럽게 맡은 일을 부지런하고 성실하게 하다.

精益求精 jīngyìqiújīng   훌륭하지만 더욱 더 완벽을 추구하다.

津津有味 jīnjīnyǒuwèi   1. 흥미진진하다.

2. 감칠맛 나다. 아주 맛있다.

锦绣前程 jǐnxiùqiánchéng   전도양양한 앞날. 아름답고 빛나는 미래. 유망한 전도

继往开来 jìwǎngkāilái	이전 사람의 사업을 계승하여 앞길을 개척하다.
急于求成 jíyúqiúchéng	객관적인 조건을 무시하고, 서둘러 목적을 달성하려 하다.
聚精会神 jùjīnghuìshén	정신을 집중하다. 전심하다. 열중하다.
举世闻名 jǔshìwénmíng	1. 전세계에 이름이 알려지다. 2. 명성이 아주 크다.
举世瞩目 jǔshìzhǔmù	전세계 사람들이 주목하다.
举足轻重 jǔzúqīngzhòng	대단히 중요한 위치에 있어서 일거수일투족이 전체에 중대한 영향을 끼치다.
刻不容缓 kèbùrónghuǎn	1. 일각도 지체할 수 없다. 2. 잠시도 늦출 수 없다.
空前绝后 kōngqiánjuéhòu	1. 이전에도 없었고 앞으로도 없다. 2. 대단한 성취 혹은 성황.
苦尽甘来 kǔjìngānlái	고진감래. 고생끝에 낙이 온다.
理所当然 lǐsuǒdāngrán	도리로 보아 당연하다. 당연히 그렇다.
见义勇为 jiànyìyǒngwéi	정의로운 일을 보고 용감하게 뛰어들다. 불의를 보면 참지 못하다.
力所能及 lìsuǒnéngjí	자기 능력으로 해낼 수 있다. 힘이 닿는 데까지.
理直气壮 lǐzhíqìzhuàng	이유가 충분 [정확]하여 하는 말이 [태도가] 당당하다 [떳떳하다].
络绎不绝 luòyìbùjué	1. (사람 · 수레 · 배 따위의) 왕래가 빈번해 끊이지 않다. 2. 내왕이 빈번하다.
名副其实 míngfùqíshí	명성과 실상이 서로 부합되다. 명실상부하다.
莫名其妙 mòmíngqímiào	아무도 그 오묘함을 설명할 수 없다.
难能可贵 nánnéngkěguì	쉽지 않은 일을 해내어 대견스럽다. 매우 장하다.
迫不及待 pòbùjídài	일각도 지체할 수 없다. 잠시도 늦출 수 없다.

恰到好处 qiàdàohǎochù	(말·행동 등이) 꼭 들어맞다. 아주 적절하다.
千方百计 qiānfāngbǎijì	갖은 방법[계략]을 다 써 보다[생각하다].
潜移默化 qiányímòhuà	은연중에 감화되다. 무의식 중에 감화되다.
锲而不舍 qiè'érbùshě	중도에 그만두지 않고 끝까지 조각하다.
迄今为止 qìjīnwéizhǐ	(이전 어느 시점부터) 지금에 이르기까지.
轻而易举 qīng'éryìjǔ	매우 수월하다. 식은죽먹기이다.
齐心协力 qíxīnxiélì	한마음 한뜻으로 함께 노력하다.
岂有此理 qǐyǒcǐlǐ	1. 어찌 이럴 수가 있단 말인가?
	2. 언행이 도리나 이치에 어긋나다.
全力以赴 quánlìyǐfù	(어떤 일에) 전력 투구하다. 최선을 다하다.
热泪盈眶 rèlèiyíngkuàng	뜨거운 눈물이 눈에 그렁그렁하다. 매우 감격하다 [흥분하다·감동하다]
任重道远 rènzhòngdàoyuǎn	1. 맡은 바 책임은 무겁고, 갈 길은 멀기만 하다.
	2. 책임이 무겁다.
日新月异 rìxīnyuèyì	나날이 새로워지다. 변화와 발전이 빠르다.
深情厚谊 shēngqínghòuyì	깊고 돈독한 정(情).
实事求是 shíshìqiúshì	실사구시. 사실에 토대로 하여 진리를 탐구하다.
肆无忌弹 sìwújìdàn	오만방자하여 겁내는것이 없다.
素食主义 sùshízhǔyì	채식주의
讨价还价 tǎojiàhuánjià	값을 흥정하다.
滔滔不绝 tāotāobùjué	끊임없이 계속되다. 말이 끝이 없다. 쉴새없이 말하다.
天伦之乐 tiānlúnzhīlè	가족이 누리는 단란함[즐거움].
统筹兼顾 tǒngchóujiāngù	여러 방면의 일을 통일적으로 계획하고 두루 돌보다.
通货膨胀 tōnghuòpéngzhàng	통화 팽창. 인플레이션.
微不足道 wēibùzúdào	하찮아서 말할[언급할] 가치도 없다.
无动于衷 wúdòngyúzhōng	(마음속에) 아무런 느낌이 없다. 전혀 무관심하다.

无精打采 wújīngdǎcǎi　　풀이 죽다.

无可奉告 wúkěfènggào　　드릴 말씀이 없다. 얘기해 줄 만한 것이 없다.

无可奈何 wúkěnàihé　　어찌 해 볼 도리가 없다. 대책을 강구해 볼 도리가 없다. 방법이 없다.

无理取闹 wúlǐqǔnào　　아무런 까닭 없이 남과 다투다. 일부러 말썽을 부리다.

物美价廉 wùměijiàlián　　상품의 질이 좋고 값도 저렴하다.

无能为力 wúnéngwéilì　　힘을 제대로 쓰지 못하다. 능력이 없다. 능력이 미치지 못하다.

无穷无尽 wúqióngwújìn　　무궁무진하다. 무진장하다. 한이 없다.

无微不至 wúwēibúzhì　　배려하고 보살핌이 세심하고 주도면밀하다.

无忧无虑 wúyōuwúlǜ　　아무런 근심[걱정]이 없다.

想方设法 xiǎngfāngshèfǎ　　온갖 방법을 다 생각하다. 갖은 방법을 다하다.

相辅相成 xiāngfǔxiāngchéng　　서로 보완하고 도와서 일을 완성하다.

小心翼翼 xiǎoxīnyìyì　　조심하고 신중하여 추호도 소홀함이 없다.

新陈代谢 xīnchéndàixiè　　새로운 사물과 낡은 사물의 투쟁을 통하여 새로운 사물이 낡은 사물을 대체하는 과정

兴致勃勃 xìngzhìbóbó　　흥미진진하다.

兴高采烈 xìnggāocǎiliè　　매우 기쁘다.

欣欣向荣 xīnxīnxiàngróng　　1. (초목이) 무성하다.

2. (사업이) 번창하다.

喜闻乐见 xǐwénlèjiàn　　기쁜 마음으로 듣고 보다. 즐겨 듣고 즐겨 보다.

悬崖峭壁 xuányáqiàobì　　1.깎아지른 듯한 절벽.

2.험준한 산세.

雪上加霜 xuěshàngjiāshuāng　　1.설상가상. 눈 위에 서리가 내리다.

2.설상가상이다. 엎친 데 덮친 격이다.

循序渐进 xúnxùjiànjìn　　순차적으로 진행하다[나아가다]. 점차적으로 제고[발전ㆍ심화]시키다.

烟花爆竹 yānhuābàozhú	불꽃놀이 폭죽
咬牙切齿 yǎoyáqièchǐ	격분하여 이를 부득부득 갈다. 몹시 화를 내다.
一帆风顺 yìfānfēngshùn	1. 순풍에 돛을 올리다. 2. 일이 순조롭게 진행되다.
一举两得 yìjǔliǎngdé	일거양득. 일석이조.
一目了然 yímùliǎorán	일목요연하다. 한눈에 환히 알다[보다].
一如既往 yìrújìwǎng	지난날과 다름없다.
一丝不苟 yìsībùgǒu	(일을 함에 있어서) 조금도 소홀히 하지 않다. 조금도 빈틈이 없다.
优胜劣汰 yōushèngliètài	나은 자는 이기고 못한 자는 패하다.
有条不紊 yǒutiáobùjǐn	(말·행동이) 조리 있고 질서 정연하다. 일사불란하고 이치에 들어맞다.
与日俱增 yǔrìjùzēng	날이 갈수록 많아[더해]지다. 날로 늘어나다[커지다].
再接再厉 zàijiēzàilì	수탉이 서로 싸울때, 쪼기 전에 항상 부리를 다듬다. 더욱 더 힘쓰다.
斩钉截铁 zhǎndīngjiétiě	맺고 끊다. 언행이 단호하다. 과단성이 있다.
朝气勃勃 zhāoqìbóbó	씩씩하다
争先恐后 zhēngxiānkǒnghòu	뒤질세라 앞을 다투다.
知足常乐 zhīzúchánglè	만족함을 알면 항상 즐겁다.
众所周知 zhòngsuǒzhōuzhī	모든 사람이 다 알고 있다.
自力更生 zìlìgēngshēng	자력갱생하다.
总而言之 zǒng'éryánzhī	총괄적으로 말하면. 요컨대. 결론적으로 말하자면.

6级单词

爱戴 àidài 동 우러러 섬기다

暧昧 àimèi 형 (남녀 관계가) 그렇고 그
　　런 사이다

癌症 áizhèng 명 암

昂贵 ángguì 형 비싸다

案件 ànjiàn 명 (법률상의) 사건

案例 ànlì 명 사례

按摩 ànmó 동 안마하다

安宁 ānníng 형 평온하다, 안정되다

暗示 ànshì 동 암시하다

安详 ānxiáng 형 침착하다, 점잖다

奥秘 àomì 명 신비, 비밀

凹凸 āotū 형 울퉁불퉁하다

疤 bā 명 상처, 흉터

霸道 bàdào 형 횡포하다

罢工 bàgōng 명 동 동맹 파업(하다)

掰 bāi 동 (손으로 물건을) 쪼개다

拜访 bàifǎng 동 삼가 방문하다

百分点 bǎifēndiǎn 명 퍼센트

拜托 bàituō 동 부탁드리다

巴结 bājié 동 아부하다, 빌붙다

版本 bǎnběn 명 판본

颁布 bānbù 동 (정책, 명령 따위를) 반포
　　하다

颁发 bānfā 동 (증서나 상장 따위를) 수
　　여하다

磅 bàng 명 (중량 단위인) 파운드

绑架 bǎngjià 동 납치하다, 인질로 잡다

榜样 bǎngyàng 명 모범, 본보기

伴侣 bànlǚ 명 배우자, 동반자

伴随 bànsuí 동 따라가다

斑纹 bānwén 명 얼룩무늬

扮演 bànyǎn 동 …역을 맡아 하다

包庇 bāobì 동 (나쁜 일이나 사람을) 비
　　호하다

报仇 bàochóu 동 복수하다

报酬 bàochou 명 보수, 월급

报答 bàodá 동 보답하다

报到 bàodào 동 (도착하였음을) 보고하다

抱负 bàofù 명 포부

报复 bàofù 명 동 보복(하다)

暴力 bàolì 명 폭력

暴露 bàolù 동 (좋지 않은 일이나 행동)
　　폭로하다

保密 bǎomì 동 비밀을 지키다

保姆 bǎomǔ 명 보모

报社 bàoshè 명 신문사

保卫 bǎowèi 동 보위하다

包围 bāowéi 동 포위하다, 둘러싸다

保养 bǎoyǎng 동 보양하다, 정비하다

抱怨 bàoyuàn 동 원망하다

爆炸 bàozhà 동 (큰 소리를 내며) 폭발하다

保障 bǎozhàng 동 (생명·재산·권리 등을) 보장하다

保重 bǎozhòng 동 몸조심하다

把手 bǎshou 명 손잡이

悲哀 bēi'āi 형 슬프고 애통하다

卑鄙 bēibǐ 형 (언행·인품이) 비열하다

悲惨 bēicǎn 형 비참하다, 슬프다

被动 bèidòng 형 피동적이다

备份 bèifèn 동 예비분을 복제하다

被告 bèigào 명 [법률] 피고(인)

北极 běijí 명 [지리] 북극, 자북극

贝壳 bèiké 명 조가비, 패갑

背叛 bèipàn 동 배신하다

背诵 bèisòng 동 외우다, 암송하다

备忘录 bèiwànglù 명 비망록, 회의록

奔波 bēnbō 동 분주히 뛰어다니다

奔驰 bēnchí 동 (차나 말 등이) 질주하다

蹦 bèng 동 뛰어오르다, 튀어오르다

迸发 bèngfā 동 (밖으로)터져 나오다

本能 běnnéng 명 부 본능(적으로)

本钱 běnqián 명 원금, 자본금

本人 běnrén 명 본인

本身 běnshēn 명 그 자신

本事 běnshi 명 능력

笨拙 bènzhuō 형 멍청하다, 우둔하다

臂 bì 명 팔

鞭策 biāncè 동 채찍질하다, 편달하다

贬低 biǎndī 동 얕잡아 보다

变故 biàngù 명 변고, 재난

辩护 biànhù 동 변호하다

边疆 biānjiāng 명 국경 지대

辩解 biànjiě 동 해명하다

边界 biānjiè 명 (지역 간의) 경계선

边境 biānjìng 명 국경 지대, 변경

变迁 biànqiān 동 변천하다

辨认 biànrèn 동 식별해 내다

便条 biàntiáo 명 메모, 쪽지

贬义 biǎnyì 명 (글에 담긴) 부정적인 의미

便于 biànyú 동 (…하기에)…에 편하다

边缘 biānyuán 명 직전, 끝자락, 위기

辩证 biànzhèng 동 변증하다, 논증하다

编织 biānzhī 동 엮다, 짜다, 뜨다

变质 biànzhì 동 (나쁜 쪽으로) 변질되다

标本 biāoběn 명 표본

标记 biāojì 명 동 표기(하다)

表决 biǎojué 동 표결하다

飙升 biāoshēng 동 (가격이나 수량 등이) 급증하다

表态 biǎotài 동 태도를 표명하다

标题 biāotí 몡 표제, 제목

表彰 biǎozhāng 동 표창하다

弊病 bìbìng 몡 폐단, 문제점

必定 bìdìng 부 반드시

弊端 bìduān 몡 폐단, 폐해

别扭 bièniu 형 사이가 좋지 않다

别墅 biéshù 몡 별장

别致 biézhì 형 색다르다, 별나다

冰雹 bīngbáo 몡 우박

并存 bìngcún 동 병존하다

并非 bìngfēi 동 결코 …하지 않다

并列 bìngliè 동 병렬하다

濒临 bīnlín 동 인접하다, 가까이 가다

逼迫 bīpò 동 핍박하다

闭塞 bìsè 형 소식에 어둡다, 불편하다

鼻涕 bítì 몡 콧물

比喻 bǐyù 몡 동 비유(하다)

比重 bǐzhòng 몡 비중

拨打 bōdǎ 동 전화를 걸다

搏斗 bódòu 동 [비유] 격렬하게 싸우다

播放 bōfàng 동 방송하다

波浪 bōlàng 몡 파도, 물결

博览会 bólǎnhuì 몡 박람회

伯母 bóbǔ 몡 큰어머니, 아주머니

薄弱 bóruò 형 박약하다, 취약하다

剥削 bōxuē 동 착취하다

播种 bōzhǒng 몡 [농업] 파종

补偿 bǔcháng 동 (차액, 결손을) 보상하다

不得已 bùdéyǐ 부 어쩔 수 없이

不妨 bùfáng 부 (…하는 것도) 괜찮다

不敢当 bùgǎndāng [겸어] 천만의 말씀입니다

布告 bùgào 몡 게시문, 포고문

不顾 búgù 동 돌보지 않다

不禁 bùjīn 부 자기도 모르게, 절로

补救 bǔjiù 동 (조치를 취하여)보완하다

布局 bùjú 몡 분포, 안배

不料 búliào 부 뜻밖에, 의외에

哺乳 bǔrǔ 동 젖을 먹이다

不时 bùshí 부 자주, 늘, 종종

部署 bùshǔ 동 배치하다, 안배하다

补贴 bǔtiē 몡 동 보조금, 보조하다

部位 bùwèi 몡 부위[주로 인체에 사용함]

不惜 bùxī 동 아끼지 않다

不像话 búxiànghuà 형 (언행이) 말이 안 된다

布置 bùzhì 동 안배하다, 배치하다

捕捉 bǔzhuō 동 잡다, 붙잡다

裁缝 cáifeng 몡 재봉사

财富 cáifù 몡 재산, 자산

才干 cáigàn 몡 능력, 재간, 재능, 재주

采购 cǎigòu 동 (주로 기관·기업 등에서) 구입하다

采集 cǎijí 동 채집하다, 수집하다

采纳 cǎinà 통 (건의·의견 등을) 받아들이다

裁判 cáipàn 명 [체육학] 심판

彩票 cǎipiào 명 복권

财务 cáiwù 명 재무, 재정

裁员 cáiyuán 통 (기업 등에서) 인원을 축소하다

财政 cáizhèng 명 재정

舱 cāng 명 객실, 선실, 선창

苍白 cāngbái 형 창백하다, 생기가 없다

仓促 cāngcù 형 촉박하다, 황급하다

仓库 cāngkù 명 창고, 곳간

残酷 cánkù 형 잔혹하다, 냉혹하다

灿烂 cànlàn 형 찬란하다, 휘황찬란하다

残留 cánliú 통 (부분적으로) 남아 있다

参谋 cānmóu 통 조언하다, 권하다

残忍 cánrěn 형 잔인하다, 악랄하다

参照 cānzhào 통 (방법·경험 등을) 참조하다

草案 cǎo'àn 명 초안

操劳 cāoláo 통 애써 일하다, 수고하다

操练 cāoliàn 통 훈련하다

草率 cǎoshuài 형 대강[대충·데면데면]하다

嘈杂 cáozá 형 떠들썩하다, 시끌벅적하다

操作 cāozuò 통 조작하다, 다루다

策划 cèhuà 통 획책하다, 계획하다, 기획하다

测量 cèliáng 통 측량하다

策略 cèlüè 명 책략, 전술, 전략

侧面 cèmiàn 명 옆면, 측면, 어떤 방면

层次 céngcì 명 단계, 순서, 차등

查获 cháhuò 통 수사하여 체포하다

柴油 cháiyóu 명 중유, 디젤(diesel)유

差距 chājù 명 격차, 차이, 차, 갭(gap)

刹那 chànà 명 찰나, 순간,

倡导 chàngdǎo 통 앞장서서 제창하다, 창도하다

场合 chǎnghé 명 특정한 장소·상황·경우·장면

偿还 chánghuán 통 (진 빚을) 갚다

猖狂 chāngkuáng 형 난폭하다, 제멋대로이다

常年 chángnián 명 오랜 기간, 장기간

昌盛 chāngshèng 형 창성하다, 흥성하다

尝试 chángshì 통 시도해 보다

场所 chǎngsuǒ 명 장소

场面 chǎngmiàn 명 장면

畅通 chàngtōng 형 막힘없이 잘 통하다

畅销 chàngxiāo 형 잘 팔리다, 매상이 좋다

倡议 chàngyì 명 통 제의(하다)

阐述 chǎnshù 통 상세히 논술하다

产业 chǎnyè 명 산업

超级 chāojí 형 (규모 · 질량 등이) 최상급의

潮流 cháoliú 명 추세, 조류, 풍조, 경향

钞票 chāopiào 명 지폐, 돈, 纸币(zhǐbì)

潮湿 cháoshī 형 습하다, 축축하다, 눅눅하다

嘲笑 cháoxiào 동 비웃다, 놀리다

超越 chāoyuè 동 넘다, 넘어서다, 초월하다

诧异 chàyì 동 의아해하다, 이상해하다

沉着 chénzhuó 형 침착하다

盛 chéng 동 (용기 등에) 물건을 담다

橙 chéng 명 오렌지나무, 오렌지, 오렌지색의

秤 chèng 명 저울

承办 chéngbàn 동 맡아 처리[취급]하다

承包 chéngbāo 동 청부 맡다, 하청을 받다

城堡 chéngbǎo 명 (보루식의) 작은 성, 성보

成本 chéngběn 명 원가, 자본금

惩罚 chéngfá 명 동 징벌(하다)

称号 chēnghào 명 (주로 영광스런) 칭호, 호칭

成交 chéngjiāo 동 거래가 성립하다

承诺 chéngnuò 명 동 승낙(하다)

成天 chéngtiān 명 하루 종일, 온종일

乘务员 chéngwùyuán 명 승무원

呈现 chéngxiàn 동 나타나다, 드러나다

成效 chéngxiào 명 효능, 효과

成心 chéngxīn 부 고의로, 일부러

成员 chéngyuán 명 성원, 구성원

诚挚 chéngzhì 형 성실하고 진실하다

陈旧 chénjiù 형 낡다, 오래 되다

陈列 chénliè 동 진열하다

陈述 chénshù 동 진술하다

沉思 chénsī 동 깊이 생각하다

沉着 chénzhuó 형 침착하다

撤退 chètuì 동 (군대가) 철수하다

撤销 chèxiāo 동 없애다, 취소하다

赤道 chìdào 명 적도

迟缓 chíhuǎn 형 느리다, 완만하다

持久 chíjiǔ 형 오래 유지되다

吃苦 chīkǔ 동 고생하다, 고통을 맛보다

吃力 chīlì 형 힘들다, 힘을 감당하다

池塘 chítáng 명 (비교적 작고 얕은) 못

迟疑 chíyí 형 망설이다, 머뭇거리다

赤字 chìzì 명 적자, 결손

崇拜 chóngbài 동 숭배하다

充当 chōngdāng 동 (어떤 직무 · 역할을) 맡다

重叠 chóngdié 동 중첩되다, 중복되다

冲动 chōngdòng 동 격해지다, 흥분하다, 충동하다

沉重 chénzhòng 형 (무게 · 기분 · 부담 등이) 몹시 무겁다

崇高 chónggāo 혱 숭고하다

冲击 chōngjī 동 충격하다

崇敬 chóngjìng 동 숭경하다

充沛 chōngpèi 혱 넘쳐흐르다, 충족하다

冲突 chōngtū 명 동 충돌(하다)

重阳节 chóngyángjié 명 중양절

充足 chōngzú 혱 충분하다, 충족하다

筹备 chóubèi 동 기획하고 준비하다

踌躇 chóuchú 혱 주저하다, 망설이다

丑恶 chǒu'è 혱 추악하다, 더럽다

抽空 chōukòng 동 짬[틈·시간]을 내다

稠密 chóumì 혱 조밀하다, 촘촘하다

船舶 chuánbó 명 배, 선박

传达 chuándá 동 전하다, 전달하다

传单 chuándān 명 전단(지), 삐라

床单 chuángdān 명 침대보, 침대 시트

创立 chuànglì 동 창립하다, 창설하다

创新 chuàngxīn 명 창의성, 창조성, 창의

创业 chuàngyè 동 창업하다

创作 chuàngzuò 명 동 창작(하다)

喘气 chuǎnqì 동 호흡하다

传授 chuánshòu 동 가르치다

储备 chǔbèi 명 동 예비품, (물자를) 비
　　축하다

初步 chūbù 혱 처음 단계의, 초보적인

储存 chǔcún 명 동 저장량, (돈·물건 등
　　을) 모아 두다

触犯 chùfàn 동 범하다, 위반하다

处分 chǔfèn 명 동 처벌(하다)

吹牛 chuīniú 동 허풍을 떨다, 큰소리치다

吹捧 chuīpěng 동 (지나치게) 치켜세우다

垂直 chuízhí 혱 수직의

处境 chǔjìng 명 (처해 있는) 처지, 환경,
　　상태

出路 chūlù 명 발전의 여지, 출로

出卖 chūmài 동 팔아먹다, 배신하다

纯粹 chúncuì 혱 순수하다, 깨끗하다

纯洁 chúnjié 혱 순결하다, 순수하고 맑다

出神 chūshén 동 넋을 잃다, 넋이 나가다

出身 chūshēn 명 신분, 출신

出息 chūxi 명 전도, 발전성, 장래성

储蓄 chǔxù 명 동 저축(하다)

出洋相 chūyángxiàng 추태를 보이다, 웃
　　음거리가 되다

处置 chǔzhì 동 처치하다, 징벌하다, 처
　　벌하다

伺候 cìhou 동 시중들다, 모시다, 돌보다

词汇 cíhuì 명 어휘

次品 cìpǐn 명 질이 낮은 물건

慈祥 cíxiáng 혱 (노인의 태도·낯빛이)
　　자애롭다

雌雄 cíxióng 명 자웅, 암컷과 수컷, 승패

次序 cìxù 명 (시간·공간에서의) 차례

凑合 còuhe 혱 그런대로 …할 만하다

窜 cuàn 图 마구 뛰어다니다, 달아나다, 도망가다

脆弱 cuìruò 혱 연약하다, 취약하다, 나약하다

粗鲁 cūlǔ 혱 거칠고 우악스럽다, 교양이 없다

搓 cuō 图 (두 손으로 반복하여) 비비다, 비벼 꼬다

磋商 cuōshāng 图 반복하여 협의하다, 상세하게 논의하다

挫折 cuòzhé 몡 좌절, 실패

打包 dǎbāo 图 포장을 풀다, 포장하다

答辩 dábiàn 图 답변하다

大臣 dàchén 몡 대신, 중신

达成 dáchéng 图 달성하다, 도달하다

搭档 dādàng 몡 图 (짝)이 되다

打官司 dǎguānsi 图 소송하다, 재판을 걸다

大伙儿 dàhuǒr 떼 모두들, 모든 사람

逮捕 dàibǔ 图 체포하다, 잡다, 붙들다

代价 dàijià 몡 대가

代理 dàilǐ 图 대리하다, 대신하다

带领 dàilǐng 图 인솔하다, 인도하다, 영도하다

怠慢 dàimàn 图 냉대하다, 등한히[소홀히]하다

歹徒 dǎitú 몡 악인, 악당, 나쁜 사람

打击 dǎjī 图 타격을 주다, 공격하다

打架 dǎjià 图 (때리며) 싸우다, 다투다

打猎 dǎliè 图 사냥하다, 수렵하다

蛋白质 dànbáizhì 몡 단백질

担保 dānbǎo 图 보증하다, 담보하다, 책

诞辰 dànchén 몡 탄신, 생일

党 dǎng 몡 당, 정당

档案 dàng'àn 몡 (공)문서, 서류, 파일, 기록

当场 dāngchǎng 뷔 당장, 현장에서

当初 dāngchū 몡 당초, 애초, 맨 처음

档次 dàngcì 몡 (품질 등의) 등급, 등차, 차등

当面 dāngmiàn 뷔 직접 마주하여, 맞대면하여

当前 dāngqián 몡 현재, 현 단계

当事人 dāngshìrén 몡 관계자, 당사자

当心 dāngxīn 图 조심하다, 주의하다

当选 dāngxuǎn 图 당선되다

淡季 dànjì 몡 비성수기, 불경기 계절

胆怯 dǎnqiè 혱 겁내다, 겁이 많다, 무서워하다

诞生 dànshēng 图 탄생하다, 태어나다

淡水 dànshuǐ 몡 담수, 민물

倒闭 dǎobì 图 (상점 · 회사 등이) 도산하다

导弹 dǎodàn 몡 유도탄, 미사일

稻谷 dàogǔ 몡 벼

导航 dǎoháng 동 항해나 항공을 유도하다, 네비게이션

捣乱 dǎoluàn 동 교란하다, 방해하다, 혼란시키다

盗窃 dàoqiè 동 도둑질하다, 절도하다

导向 dǎoxiàng 동 유도하다, (어느 방향으로) 이끌다

岛屿 dǎoyǔ 명 섬, 도서

大厦 dàshà 명 빌딩

大意 dàyì 형 부주의하다, 소홀하다

打仗 dǎzhàng 동 전쟁하다, 싸우다

大致 dàzhì 부 대개, 대략, 아마

瞪 dèng 동 눈을 부릅뜨고 노려보다

等级 děngjí 명 등급, 차별, 계급

灯笼 dēnglong 명 등롱, 초롱

登陆 dēnglù 동 상륙하다, 육지에 오르다

登录 dēnglù 동 등록하다

得罪 dézuì 동 미움을 사다, 기분을 상하게 하다

垫 diàn 명 동 (~儿) 방석, 받치다, 깔다

颠倒 diāndǎo 동 (상하·전후의위치가 원래와달리) 뒤바뀌다

奠定 diàndìng 동 다지다, 닦다, 안정시키다

惦记 diànjì 동 늘 생각하다, 걱정하다

典礼 diǎnlǐ 명 (성대한) 식, 의식, 행사

电源 diànyuán 명 전원

叼 diāo 동 (물체의 일부분을) 입에 물다

吊 diào 동 걸다, 매달다

调动 diàodòng 동 (인원·일 등을) 변동하다

雕刻 diāokè 명 동 조각(하다)

雕塑 diāosù 명 동 조소품, 조소하다

堤坝 dībà 명 댐과 둑

地步 dìbù 명 정도, 지경, 형편, 상황, 처지

抵达 dǐdá 동 도착[도달]하다

抵抗 dǐkàng 동 저항하다, 대항하다

盯 dìng 동 주시하다, 뚫어져라 쳐다보다

定义 dìngyì 명 동 정의 (하다)

叮嘱 dīngzhǔ 동 신신당부하다, 거듭[재삼]부탁하다

敌视 díshì 동 적대시하다, 적대하다

地势 dìshì 명 지세, 땅의 형세

丢人 duīrén 동 창피를[망신을] 당하다

递增 dìzēng 동 점점 늘다, 점차 증가하다

抵制 dǐzhì 동 억제하다, 저지하다, 거부하다

地质 dìzhì 명 지질(학)

栋 dòng 양 동, 채[건물을 세는 단위]

动荡 dòngdàng 동 (정세·상황 등이) 불안하다

东道主 dōngdàozhǔ 명 (손님을 초대한) 주인

动机 dòngjī 명 동기

动静 dòngjing 몡 동정, 동태, 낌새

动力 dònglì 몡 동력

动身 dōngshēn 동 출발하다, 떠나다, 길

董事长 dǒngshìzhǎng 몡 대표이사, 회장

动手 dòngshǒu 동 하다, 시작하다

洞穴 dòngxué 몡 (지하나 산중의) 동혈,
　　　땅굴

动员 dòngyuán 동 동원하다, 설득하다

陡峭 dǒuqiào 혱 (산세 등이) 험준하다,
　　　가파르다

斗争 dòuzhēng 동 투쟁하다, 싸우다, 분
　　　투·노력하다

短促 duǎncù 혱 (시간이) 매우 짧다, 급
　　　박[촉박]하다

断定 duàndìng 동 단정하다, 결론을 내
　　　리다

断绝 duànjué 동 단절하다, 끊다, 차단하다

端午节 duānwǔjié 몡 단오

赌博 dǔbó 동 노름하다, 도박하다

独裁 dúcái 동 독재하다

督促 dūcù 동 감독·재촉하다, 독촉하다

对策 duìcè 몡 대책, 대응책, 대비책

对称 duìchèn 혱 (도형이나 물체가) 대칭
　　　이다

对付 duìfu 동 대처하다, 대응하다, 그런
　　　대로 하다

兑换 duìhuàn 동 교환하다, 바꾸다

堆积 duījī 동 (사물이) 쌓여 있다

对抗 duìkàng 동 대항하다, 저항하다

对立 duìlì 동 대립하다, 적대하다

对联 duìlián 몡 대련, 주련

队伍 duìwu 몡 (조직적인) 대열, 단체,
　　　군대

对应 duìyìng 동 대응하다

对照 duìzhào 동 대조하다

杜绝 dùjué 동 (나쁜 일을) 소멸하다, 없
　　　애다

堕落 duòluò 동 (사상·행동이) 타락하
　　　다, 부패하다

哆嗦 duōsuō 동 떨다

多元化 duōyuánhuà 동 다원화하다

毒品 dúpǐn 몡 (아편·모르핀·코카인 등
　　　과 같은) 마약

堵塞 dǔsè 동 막히다, 가로막다

都市 dūshì 몡 대도시

恶化 èhuà 동 악화되다

恩怨 ēnyuàn 몡 은혜와 원한, 은원

耳环 ěrhuán 몡 귀고리

二氧化碳 èryǎnghuàtàn 몡 이산화탄소

而已 éryǐ 조 …뿐이다

额外 éwài 혱 정액 외의, 초과한, 별도의

遏制 èzhì 동 저지하다, 억제하다

发布 fābù 동 (명령·지시·뉴스 등을)
　　　발포하다

发财 fācái 동 큰돈을 벌다, 부자가 되다

发呆 fādāi 동 멍청해지다, 어리둥절하다

发火 fāhuǒ 동 (~儿) 화를 내다

发觉 fājué 동 (몰랐거나 숨겨진 사실을) 발견하다

番 fān 양 회, 차례, 번, 바탕

反驳 fǎnbó 동 반박하다

反常 fǎncháng 형 이상하다, 정상이 아니다

范畴 fànchóu 명 범주, 범위, 유형

反倒 fǎndào 부 반대로, 도리어, 거꾸로, 오히려

反动 fǎndòng 형 반동의, 반역사적인

反感 fǎngǎn 명 동 [불만]을 가지다

放大 fàngdà 동 (화상·소리·기능 등을) 크게 하다

放射 fàngshè 동 방사하다, 발사하다

防守 fángshǒu 동 수비하다, 방어하다

方位 fāngwèi 명 방향과 위치, 방향, 위치

方言 fāngyán 명 방언

防疫 fángyì 동 방역하다, 전염병을 예방하다

防御 fángyù 동 방어하다

方针 fāngzhēn 명 방침

防止 fángzhǐ 동 방지하다

防治 fángzhì 동 예방 치료[퇴치]하다

纺织 fǎngzhī 동 방직하다

繁华 fánhuá 형 번화하다

反抗 fǎnkàng 동 반항하다, 저항하다

反馈 fǎnkuì 동 (정보나 반응이) 되돌아 오다

泛滥 fànlàn 동 범람하다

贩卖 fànmài 동 (사들여) 판매하다

繁忙 fánmáng 형 일이 많고 바쁘다

反面 fǎnmiàn 명 부정적이거나 소극적인 일면

反射 fǎnshè 동 반사하다

反思 fǎnsī 명 동 반성(하다)

繁体字 fántǐzì 명 번체자

反问 fǎnwèn 동 반문하다

繁殖 fánzhí 동 번식하다, 증가하다

反之 fǎnzhī 접 이와 반대로

法人 fǎrén 명 법인

发射 fāshè 동 (총알) 쏘다, 발사하다

发誓 fāshì 동 맹세하다

发行 fāxíng 동 발행하다, 발매하다

发炎 fāyán 동 염증을 일으키다

发扬 fāyáng 동 (전통·미풍양속 등을) 선양하여 발전시키다

发育 fāyù 동 발육하다, 성장하다

诽谤 fěibàng 동 비방하다, 비난하다

废除 fèichú 동 (법령·제도·조약 등을) 폐지하다

非法 fēifǎ 형 불법적인, 비합법적인

匪徒 fěitú 몡 악당, 무뢰한, 강도

肥沃 féiwò 혱 비옥하다

飞翔 fēixiáng 됭 하늘을 빙빙 돌며 날다

废墟 fèixū 몡 폐허

飞跃 fēiyuè 됭 비약하다

分辨 fēnbiàn 됭 분별하다, 구분하다

分寸 fēncun 몡 (일이나 말의) 분별, 한도

吩咐 fēnfù 됭 분부하다, 명령하다

逢 féng 됭 만나다, 마주치다

风度 fēngdù 몡 품격, 풍모, 매너

风光 fēngguāng 몡 풍경, 경치, 풍광

封建 fēngjiàn 몡 혱 봉건(적인)

锋利 fēnglì 혱 날카롭다

丰满 fēngmǎn 혱 풍만하다, 포동포동
　　하다

风气 fēngqì 몡 (사회나 집단의) 풍조, 기풍

风趣 fēngqì 혱 유머러스하다

丰盛 fēngshèng 혱 (음식 등이) 풍성하다

丰收 fēngshōu 몡 됭 풍작(을 이루다)

封锁 fēngsuǒ 됭 폐쇄하다, 끊다, 단절시
　　키다

风味 fēngwèi 몡 맛

奉献 fèngxiàn 몡 됭 공헌, 공헌 삼가 바
　　치다

分红 fēnhóng 됭 (기업 등에서) 이익을
　　분배하다

分解 fēnjiě 됭 분해하다, 분열[와해]되다

分裂 fēnliè 됭 분열하다, 결별하다

分泌 fēnmì 됭 분비하다, 분비되어 나오다

分明 fēnmíng 혱 명확하다 튄 명백히

粉末 fěnmò 몡 가루, 분말

坟墓 fénmù 몡 무덤

分歧 fēnqí 몡 혱 불일치(하다)

分散 fēnsàn 혱 분산하다, 흩어지다

粉色 fěnsè 몡 분홍색, 핑크색

分手 fēnshǒu 됭 헤어지다, 이별하다

粉碎 fěnsuì 혱 산산조각나다 됭 분쇄하다

否决 fǒujué 됭 (안건·의견 등을) 부결
　　하다

腐败 fǔbài 혱 부패하다

负担 fùdān 몡 됭 부담(하다)

幅度 fúdù 몡 정도, 폭, 너비

夫妇 fūfù 몡 부부

覆盖 fùgài 됭 덮다, 뒤덮다, 덮어 가리다

符号 fúhào 몡 기호, 표기

附和 fùhè 됭 남의 언행을 따르다, 부화
　　하다

复活 fùhuó 됭 부활하다, 죽었다 다시 살
　　아나다

附件 fùjiàn 몡 부품, 부분품, 부속, 부속품

腐烂 fǔlàn 혱 문란하다, 부패하다, 썩다

福利 fúlì 몡 복지, 복리

俘虏 fúlǔ 몡 됭 포로(로 잡다)

服气 fúqì 됭 진심으로 탄복하다

福气 fúqi 명 복, 행운

夫人 fūrén 명 부인

辐射 fúshè 동 (중심에서 여러 방향으로) 방사하다

腐蚀 fǔshí 동 부식하다, 썩어 문드러지다

附属 fùshǔ 동 부속되다

腹泻 fùxiè 동 설사하다

复兴 fùxīng 동 부흥하다

腐朽 fǔxiǔ 형 썩다, 부패하다, 진부하다

敷衍 fūyǎn 동 형식적으로 하다

抚养 fǔyǎng 동 부양하다

俯仰 fǔyǎng 동 굽어보고 쳐다보다, 부앙하다

赋予 fùyǔ 동 (중대한 임무나 사명 등을) 부여하다, 주다

富裕 fùyù 형 부유하다

辅助 fǔzhù 동 거들어 주다, 돕다, 협조하다

改良 gǎiliáng 동 개량하다

盖章 gàizhāng 동 도장[직인]을 찍다, 날인하다

尴尬 gāngà 형 입장이 곤란하다, 부자연스럽다

杠杆 gànggǎn 명 지레, 지렛대

港口 gǎngkǒu 명 항구, 항만

纲领 gānglǐng 명 강령, 대강(大纲), 지도 원칙

港湾 gǎngwān 명 항만

岗位 gǎngwèi 명 직장, 부서, 근무처

干旱 gānhàn 형 가뭄, 가물, 한기

干劲 gànjìn 명 (일하려는) 의욕, 열정, 열의, 열성

感慨 gǎnkǎi 동 감격하다, 감개무량하다

干扰 gānrǎo 동 방해하다, 지장을 주다

干涉 gānshè 동 간섭하다

甘心 gānxīn 동 달가워하다, 기꺼이 원하다

干预 gānyù 동 간섭하다

高超 gāchāo 형 뛰어나다

高潮 gāocháo 명 최고점

告辞 gàocí 동 이별을 고하다

稿件 gǎojiàn 명 원고, 작품

告诫 gàojiè 동 훈계하다, 타이르다

高考 gāokǎo 명 중국의 대학 입학 시험

高明 gāomíng 형 (견해·기예 등이) 고명하다

高尚 gāoshàng 형 품위 있다, 우아하다

高涨 gāozhǎng 동 (정서·물가 등이) 급증하다

搁 gē 동 놓다, 두다

割 gē 동 (칼로) 절단하다, 자르다

疙瘩 gēda 명 구진(丘疹)

隔阂 géhé 명 (생각·감정의) 틈, 간격, 거리

格局 géjú 명 짜임새, 구조, 구성

隔离 gélí 동 분리시키다, 갈라놓다

耕地 gēngdì 동 논밭을 갈다

更新 gēngxīn 동 새롭게 바뀌다

更正 gēngzhèng 동 잘못을 고치다

跟前 gēnqián 명 (~儿) 곁, 부근, 근처

跟随 gēnsuí 동 (뒤)따르다, 따라가다

根源 gēnyuán 명 근원, 근본 원인

跟踪 gēnzōng 동 바짝 뒤를 따르다, 미행
　　　하다

格式 géshi 명 격식, 양식, 규칙, 서식

歌颂 gēsòng 동 찬양하다, 칭송하다

个体 gètǐ 명 개체, 개인, 인간, 자영업(자)

公安局 gōng'ānjú 명 공안국, 경찰국

公道 gōngdao 형 공평하다, 합리적이다

宫殿 gōngdiàn 명 궁전

功夫 gōngfu 명 시간, 재주, 솜씨

公告 gōnggào 명 동 공고(하다)

共和国 gònghéguó 명 공화국

供给 gōngjǐ 동 공급하다, 제공하다

攻击 gōngjī 동 공격하다

共计 gòngjì 동 합하여 계산하다

恭敬 gōngjìng 형 공손하다, 정중하다

功课 gōngkè 명 숙제, 학업, 학습

攻克 gōngkè 동 정복하다, 극복하다

功劳 gōngláo 명 공로

公民 gōngmín 명 국민, 공민

共鸣 gòngmíng 명 공감, 동감

公婆 gōngpó 명 시아버지와 시어머니

公然 gōngrán 부 공개적으로

公认 gōngrèn 동 공인하다, 모두가 인정
　　　하다

公式 gōngshì 명 공식, 일반 법칙

公务 gōngwù 명 공무

功效 gōngxiào 명 효능, 효과

工艺品 gōngyìpǐn 명 (수)공예품

公正 gōngzhèng 형 공정[공평]하다, 공
　　　명정대하다

公证 gōngzhèng 동 공증하다

勾结 gōujié 동 결탁하다, 내통하다, 짜다

构思 gòusī 명 동 구상(하다)

钩子 gōuzi 명 갈고리

拐杖 guǎizhàng 명 지팡이, 단장(短杖)

罐 guàn 명 (~儿) 단지, 항아리

贯彻 guànchè 동 (방침·정책등을) 철저
　　　하게 실현하다

官方 guānfāng 명 정부 당국, 정부측

灌溉 guàngài 동 논밭에 물을 대다

光辉 guānghuī 명 형 찬란한 빛, 밝게 빛
　　　나다

广阔 guǎngkuò 형 넓다, 광활하다

光芒 guāngmáng 명 광망(光芒), 빛살, 빛

观光 guānguāng 동 관광하다, 참관하다

惯例 guànlì 명 관례, 관행, 상규

管辖 guǎnxiá 동 관할하다

关照 guānzhào 동 돌보다, 보살피다, 배
　　려하다

古董 gǔdǒng 명 골동품

股东 gǔdōng 명 주주

鼓动 gǔdòng 동 선동하다, 충동질하다

孤独 gūdú 형 고독하다, 외롭다

股份 gǔfèn 명 주(株), 주권, 주식

辜负 gūfù 동 (호의·기대·도움 등을)
　　헛되게 하다

骨干 gǔgàn 명 골간, 기본적이며 핵심적
　　인 부분

古怪 gǔguài 형 괴상하다, 괴이하다, 기
　　괴하다

跪 guì 동 무릎을 꿇다, 꿇어앉다

轨道 guǐdào 명 궤도, 궤적, 철로, 선로

规格 guīgé 명 표준, 규격

规划 guīhuà 명 동 기획(하다)

归还 guīhuán 동 돌려주다, 반환하다

归纳 guīnà 동 귀납하다, 종합하다

规章 guīzhāng 명 규칙, 규정

贵族 guìzú 명 귀족

孤立 gūlì 동 고립하다, 고립시키다

顾虑 gùlǜ 명 동 고려(하다)

棍棒 gùnbàng 명 막대기, 방망이, 몽둥이

过度 guòdù 형 과도하다, 지나치다

过渡 guòdù 동 과도하다, 넘어가다, 건너
　　다, 넘다

果断 guǒduàn 형 과단성[결단력]이 있다

国防 guófáng 명 국방

过奖 guòjiǎng 동 지나치게 칭찬하십니다

过滤 guòlǜ 동 거르다, 여과하다, 받다

过失 guòshī 명 잘못, 실수, 과오, 과실

过问 guòwèn 동 물어 보다, 간섭하다

国务院 guówùyuàn 명 국무원

过瘾 guòyǐn 형 (특별한 기호를 만족시
　　켜) 짜릿하다

过于 guòyú 부 지나치게, 너무, 몹시

姑且 gūqiě 부 잠시, 잠깐, 우선

固然 gùrán 접 물론 …하[이]지만

顾问 gùwèn 명 고문

故乡 gùxiāng 명 고향

固有 gùyǒu 형 고유의

故障 gùzhàng 명 (기계 따위의) 고장,
　　결함

固执 gùzhí 형 완고하다, 고집스럽다

海拔 hǎibá 명 해발

海滨 hǎibīn 명 해변, 바닷가, 해안

航空 hángkōng 동 (하늘을) 비행하다

行列 hángliè 명 행렬, 대열

航天 hángtiān 동 우주 비행하다

航行 hángxíng 동 항행하다, 항해하다,
　　운항하다

含糊 hánhu 형 모호하다, 애매하다

罕见 hǎnjiàn 형 보기 드물다, 희한하다

捍卫 hànwèi 图 지키다, 방위하다, 보위하다

寒暄 hánxuān 图 (상투적인) 인사말을 나누다

含义 hányì 명 (글자·단어·말 등의) 함의

耗费 hàofèi 图 낭비하다, 소비[소모]하다

好客 hàokè 형 손님 접대를 좋아하다

豪迈 háomài 형 호매하다, 용감하고 아량이 있다

毫米 háomǐ 양 밀리미터(mm)

毫无 háowú 图 조금도[전혀] …이 없다

号召 hàozhào 图 호소하다

和蔼 hé'ǎi 형 상냥하다, 부드럽다

合并 hébìng 图 합병하다, 합치다

合成 héchéng 图 합성하다

合乎 héhū 图 …에 맞다, …에 부합하다

合伙 héhuǒ 图 한패가 되다, 동료가 되다

和解 héjiě 图 화해하다, 화의하다

和睦 hémù 형 화목하다, 사이가 좋다

恨不得 hènbude 图 간절히 …하고 싶다

痕迹 hénjì 명 흔적, 자취, 자국

和气 héqi 형 화하다, 부드럽다, 상냥하다

合身 héshēn 형 (의복이) 몸에 (꼭) 맞다

合算 hésuàn 형 수지가[채산이]맞다, (종합적으로) 고려하다

和谐 héxié 형 잘 어울리다, 조화롭다, 잘 맞다

哄 hōng 图 왁자지껄하다, 떠들썩거리다

烘 hōng 图 (불에)말리다, 쪼이다, 쬐다, 부각시키다

红包 hóngbāo 명 축의금, 세뱃돈, 상여금, 보너스

轰动 hōngdòng 图 뒤흔들다, 들끓게 하다

宏观 hóngguān 형 거시적, 매크로(macro)

洪水 hóngshuǐ 명 큰물, 홍수, 물사태, 시위

宏伟 hóngwei 형 웅장하다, 웅대하다

吼 hǒu 图 소리지르다, 큰 소리로 외치다

后代 hòudài 명 후대, 후세

喉咙 hóulóng 명 목구멍, 인후

后勤 hòuqín 명 후방 근무, 병참 보급 업무

候选 hòuxuǎn 图 (조정의) 임용[선발]을 기다리다

花瓣 huābàn 명 꽃잎, 화판

化肥 huàféi 명 화학비료

划分 huàfēn 图 (전체를 여러 부분으로) 나누다

怀孕 huáiyùn 图 임신하다

华丽 huálì 형 화려하다, 아름답다

黄昏 huánghūn 명 황혼, 해질 무렵

荒凉 huāngliáng 형 황량하다, 쓸쓸하다

慌忙 huāngmáng 형 황망하다, 허둥지둥하다

荒谬 huāngmiù 형 엉터리이다, 황당무계하다

荒唐 huāngtáng 형 황당하다, 방종하다, 방탕하다

缓和 huǎnhé 형 동 완화하다, 완화시키다

环节 huánjié 명 환절, 고리마디, 일환

欢乐 huānlè 형 즐겁다, 유쾌하다

还原 huányuán 동 원상 회복하다, 환원하다, 복원하다

患者 huànzhě 명 환자, 병자

华侨 huáqiáo 명 화교

化石 huàshí 명 화석

话筒 huàtǒng 명 전화기의 송수화기, 마이크로폰

化验 huàyàn 동 화학 실험을 하다

化妆 huàzhuāng 동 화장하다

汇报 huìbào 동 보고하다

回报 huíbào 동 보답하다

回避 huíbì 동 회피하다, 피하다

回顾 huígù 동 회상하다, 돌이켜보다, 되돌아보다

悔恨 huǐhèn 동 후회하다

辉煌 huīhuáng 형 (빛이) 휘황찬란하다

挥霍 huīhuò 동 돈을 헤프게 쓰다

贿赂 huìlù 동 뇌물을 주다

毁灭 huǐmiè 동 훼멸[파괴·괴멸·섬멸·박멸·파멸]시키다

回收 huíshōu 동 되찾다, 회수하다

会晤 huìwù 동 만나다, 회견하다

互联网 hùliánwǎng 명 인터넷

胡乱 húluàn 부 함부로, 멋대로, 아무렇게나

忽略 hūlüè 동 소홀히 하다

混合 hùnhé 동 혼합하다, 함께 섞다

混乱 hùnluàn 형 혼란하다, 문란하다, 어지럽다

昏迷 hūnmí 동 혼미하다, 의식불명이다

浑身 húnshēn 명 전신, 온몸

混淆 hùnxiáo 동 뒤섞이다, 헷갈리다

混浊 hùnzhuó 형 혼탁하다

货币 huòbì 명 화폐

活该 huógāi 동 …꼴을 당해도 마땅하다

火箭 huǒjiàn 명 불화살, 화전, 로켓

活力 huólì 명 활력, 생기, 원기, 활기

或许 huòxǔ 부 아마, 어쩌면

火焰 huǒyàn 명 화염, 불꽃

火药 huǒyào 명 화약

湖泊 húpō 명 호수의 통칭

呼啸 hūxiào 동 날카롭고 긴 소리를 내다

呼吁 hūyù 동 (동정이나 지지를) 구하다

家常 jiācháng 형 평상의, 보통의, 일상의

加工 jiāgōng 동 가공하다, 다듬다

家伙 jiāhuo 명 놈, 녀석, 자식

加剧 jiājù 동 격화되다, 악화되다, 심해지다

溅 jiàn 동 튀다

拣 jiǎn 동 간택하다, 고르다, 선택하다, 뽑다

鉴别 jiànbié 동 식별하다, 구별하다

剪彩 jiǎncǎi 동 (개막·준공·개업 등의 식전에서) 기념 테이프를 끊다

间谍 jiàndié 명 간첩

坚定 jiāndìng 형 결연하다, 굳다, 꿋꿋하다

鉴定 jiàndìng 동 감정(鑑定)하다, 평가하다

监督 jiāndū 명 동 감독(하다)

尖端 jiānduān 형 첨단의

桨 jiǎng 명 노(櫓)

间隔 jiàngé 명 간격, 사이

将近 jiāngjìn 동 거의 …에 이르다

将军 jiāngjūn 명 장군, 장성

奖励 jiǎnglì 동 장려하다, 표창하다

奖赏 jiǎngshǎng 동 상을 주다, 포상하다

坚固 jiāngù 형 견고하다, 튼튼하다

僵硬 jiāngyìng 형 뻣뻣하다, 융통성이 없다

简化 jiǎnhuà 동 간소화하다, 간략하게 만들다

见解 jiànjiě 명 견해, 소견

间接 jiànjiē 형 간접적인

简陋 jiǎnlòu 형 초라하다, 조졸하다, 허술하다

艰难 jiānnán 형 곤란하다, 어렵다

坚韧 jiānrèn 형 단단하고 질기다

坚实 jiānshí 형 견실하다, 견고하다, 튼튼하다

监视 jiānshì 동 감시하다

践踏 jiàntà 동 밟다, 디디다

检讨 jiǎntǎo 동 깊이 반성하다, 자기비판을 하다

舰艇 jiàntǐng 명 함정

简体字 jiǎntǐzì 명 간화자, 간체자

见闻 jiànwén 명 견문, 문견

检验 jiǎnyàn 동 검증하다, 검사하다

简要 jiǎnyào 형 간결하고 핵심을 찌르는

坚硬 jiānyìng 형 단단하다, 견고하다, 굳다

监狱 jiānyù 명 교도소, 감옥, 감방, 수용실

鉴于 jiànyú 동 …의 점에서 보아, …에 비추어 보아

兼职 jiānzhí 동 겸직하다

搅拌 jiǎobàn 동 휘저어 섞다

交叉 jiāochā 동 교차하다

焦点 jiāodiǎn 동 초점, 집중

焦急 jiāojí 형 초조하다, 조급해하다

较量 jiàoliàng 동 (실력·기량을) 겨루다, 경쟁하다

角落 jiǎoluò 명 구석

缴纳 jiǎonà 동 납부하다

娇气 jiāoqì [형] 여리다, 유약하다, 연약하다

交涉 jiāoshè [동] 교섭하다, 협상하다

交往 jiāowǎng [동] 왕래하다, 내왕하다

教养 jiàoyǎng [명] 교양

交易 jiāoyì [동] 교역하다

假设 jiǎshè [명] [동] 가정(하다)

假使 jiǎshǐ [접] 만약, 만일, 가령

家属 jiāshǔ [명] 가속, 가권, 딸린 식구

佳肴 jiāyáo [명] 맛있는 요리

夹杂 jiāzá [동] (다른 물건을) 혼합하다, 뒤섞다

即便 jíbiàn [접] 설령 …하더라도

级别 jíbié [명] 등급, 단계

疾病 jíbìng [명] 병, 질병

继承 jìchéng [동] 이어받다, 계승하다

基地 jīdì [명] 근거지, 본거지, 거점

机动 jīdòng [형] 기동적인, 기민한

嫉妒 jídù [동] 질투하다, 시기하다

季度 jìdù [명] 사분기(四分期), 분기

极端 jíduān [명] 극단

饥饿 jī'è [형] 배고프다, 굶주리다

皆 jiē [부] 모두, 전부, 다

戒备 jièbèi [동] 경계하다, 방비하다, 조심하다

阶层 jiēcéng [명] 층, 계층, 단계, 계층

杰出 jiéchū [형] 걸출한, 남보다 뛰어난

解除 jiěchú [동] 없애다, 제거하다

揭发 jiēfā [동] (나쁜 사람·나쁜 일을) 들추어 내다

解雇 jiěgù [동] 해고하다

借鉴 jièjiàn [동] 참고로 하다, 교훈으로 삼다

结晶 jiéjīng [명] 결정, 성과[결과], 결정체

结局 jiéjú [명] 결말, 종국, 결국, 결과

接连 jiēlián [부] 끊임없이, 연속하여, 계속해서

揭露 jiēlù [동] 폭로하다, 들추어 내다

解剖 jiěpōu [동] 해부하다

解散 jiěsàn [동] 해산하다, 흩어지다

结算 jiésuàn [동] 결산하다

解体 jiětǐ [동] 해체되다, 전체의 구조가 쪼개지다

界限 jièxiàn [명] 한도, 경계

截止 jiézhǐ [동] 마감하다

借助 jièzhù [동] …의 힘을 빌리다

节奏 jiézòu [명] 리듬, 박자

激发 jīfā [동] 불러일으키다

机构 jīgòu [명] 기구

籍贯 jíguàn [명] 출생지, 원적, 고향

机关 jīguān [명] 기관

忌讳 jìhuì [동] (말이나 행동을) 금기하다

即将 jíjiāng [부] 곧, 머지않아, 불원간

计较 jìjiào [동] 따지다

基金 jījīn [명] 기금, 펀드

寂静 jìjìng 형 조용하다

急剧 jíjù 부 급격하게, 급속히

季军 jìjūn 명 (운동 경기 등의) 3등

激励 jīlì 동 격려하다

机灵 jīling 형 영리하다, 똑똑하다

机密 jīmì 명 기밀, 극비

技能 jìnéng 명 기능, 솜씨

进而 jìn'ér 접 더 나아가

茎 jīng 명 식물의 줄기

井 jǐng 명 우물

惊动 jīngdòng 동 놀라게 하다

经费 jīngfèi 명 (사업 · 지출상의) 경비

警告 jǐnggào 동 경고하다

精华 jīnghuá 명 정화, 정수

精简 jīngtǒng 동 정간하다

境界 jìngjiè 명 (토지의) 경계

敬礼 jìnglǐ 동 경례하다

精密 jīngmì 형 정밀하다

进攻 jìngōng 동 공격하다

惊奇 jīngqí 형 놀라며 의아해하다

精确 jīngquè 형 정밀하고 확실하다

竞赛 jìngsài 동 경쟁하다, 경기하다

经商 jīngshāng 동 장사하다

警惕 jǐngtì 동 경계하다

精通 jīngtōng 동 정통하다, 통달하다

镜头 jìngtóu 명 (사진기 · 촬영기 · 영사
  기 등의) 렌즈

经纬 jīngwěi 명 경도와 위도

精心 jīngxīn 형 정성을 들이다

精选 jīngxuǎn 동 정선하다, 세밀하게 고
  르다

惊讶 jīngyà 형 의아스럽다, 놀랍다

精致 jīngzhì 형 정치하다, 정교하고 치밀
  하다, 섬세하다

颈椎 jǐngzhuī 명 경추, 목등뼈

进化 jìnhuà 동 진화하다

尽快 jìnkuài 부 되도록 빨리

近来 jìnlái 명 근래, 요즘, 최근

紧密 jǐnmì 형 긴밀하다

浸泡 jìnpào 동 (오랜 시간 물에) 담그다

紧迫 jǐnpò 형 급박하다, 긴박하다

金融 jīnróng 명 금융

晋升 jìnshēng 동 승진하다, 진급하다

近视 jìnshì 명 근시

劲头 jìntóu 명 힘, 역량, 기운, 기세

进展 jìnzhǎn 동 진전하다, 전진하다, 진
  행하다

技巧 jìqiǎo 명 기교, 기예

急切 jíqiè 형 절박하다, 긴박하다

激情 jīqíng 명 격정, 열정적인 감정

集团 jítuán 명 집단, 단체, (기업) 그룹

寄托 jìtuō 동 기탁하다, 의탁하다, 맡기다

纠纷 jiūfēn 명 다툼, 분쟁, 분규, 갈등

救济 jiùjì 동 구제하다

就近 jiùjìn 부 가까운 곳에, 근방에, 부근에

酒精 jiǔjīng 명 알코올

就业 jiùyè 동 취직하다, 취업하다

纠正 jiūzhèng 동 (사상·잘못을) 교정하다

就职 jiùzhí 동 부임하다, 취임하다

极限 jíxiàn 명 극한, 궁극의 한계, 최대 한도

吉祥 jíxiáng 형 상서롭다, 운수가 좋다, 행운이다

迹象 jìxiàng 명 흔적, 자취, 형적, 현상

讥笑 jīxiào 동 비웃다, 놀리다

机械 jīxiè 명 기계, 융통성이 없다

记性 jìxìng 명 기억력

纪要 jìyào 명 기요, 요록

基因 jīyīn 명 유전자

机遇 jīyù 명 (좋은) 기회

给予 jǐyǔ 동 주다, 부여하다

记载 jìzǎi 동 기재하다, 기록하다

及早 jízǎo 부 미리, 일찌감치

急躁 jízào 형 초조해하다, 조급하다

机智 jīzhì 형 기지가 넘치다

剧本 jùtǐ 명 극본, 각본, 대본

局部 júbù 명 국부, (일)부분

举动 jǔdòng 명 동작, 행위

决策 juécè 명 결정된 책략[정책·전술·전략·방침]

绝望 juéwàng 명 동 절망(하다)

觉悟 juéwù 동 깨닫다

觉醒 juéxǐng 동 각성하다, 깨닫다

鞠躬 jūgōng 동 허리를 굽혀 절하다

咀嚼 jǔjué 동 (음식물을) 씹다

剧烈 jùliè 형 극렬하다, 격렬하다

拘留 jūliú 동 구류하다

局面 júmiàn 명 국면

军队 jūnduì 명 군대

沮丧 jǔsàng 형 낙담[낙심]하다

局势 júshì 명 (정치·군사·경제등의) 국세, 국면

拘束 jūshù 형 어색하다.(불안해서)마음이 놓이지 않다

据悉 jùxī 동 아는 바에 의하면 …라고 한다

局限 júxiàn 동 한정하다, 제한하다

居住 jūzhù 동 거주하다

开采 kāicǎi 동 (지하 자원을) 채굴하다

开除 kāichú 동 해고하다, 자르다

开阔 kāikuò 형 넓다

开朗 kāilǎng 형 명랑하다

开明 kāimíng 형 (생각이) 깨어 있다

开辟 kāipì 동 개발하다, 개척하다

开水 kāishuǐ 명 끓인 물

开拓 kāituò 동 개척하다, 확장하다

开展 kāizhǎn 동 전개되다, 확대되다

开支 kāizhī 명 지출, 비용

看待 kàndài 동 대(우)하다, 다루다

刊登 kāndēng 동 (신문·잡지 따위에) 게
   재하다

扛 káng 동 (어깨에) 메다

慷慨 kāngkǎi 형 후하게 대하다, 아끼지 않다

勘探 kāntàn 동 탐사하다, 조사하다

看望 kànwàng 동 방문하다, 문안하다,
   찾아가 보다[뵙다]

刊物 kānwù 명 간행물, 출판물

考察 kǎochá 동 고찰하다, 정밀히 관찰하다

考古 kǎogǔ 명 고고학

考核 kǎohé 동 심사하다, 대조하다

靠拢 kàolǒng 동 (간격을) 좁히다, 접근
   하다

考验 kǎoyàn 동 시험하다

卡通 kǎtōng 명 만화

磕 kē 동 (단단한 곳에) 부딪치다

可观 kěguān 형 대단하다, 굉장하다. 가
   관이다

客户 kèhù 명 거래처, 바이어

可口 kěkǒu 형 맛있다, 입에 맞다

颗粒 kēlì 명 알

科目 kēmù 명 과목

啃 kěn 동 물어뜯다

恳切 kěnqiè 형 간절하다

课题 kètí 명 과제, 프로젝트

渴望 kěwàng 동 갈망하다

可恶 kěwù 형 밉다, 밉살스럽다, 싫다

可笑 kěxiào 형 가소롭다

可行 kěxíng 동 실행할 만하다

孔 kǒng 명 구멍

空白 kòngbái 명 공백, 여백

空洞 kōngdòng 형 (말이나 문장에) 내용
   이 없다

恐吓 kǒnghè 동 위협하다

恐惧 kǒngjù 동 두려워하다, 공포감을 느
   끼다

空隙 kòngxì 명 틈, 간격, 공간, 겨를, 짬

空想 kōngxiǎng 명 동 공상(하다)

空虚 kōngxū 형 공허하다

口气 kǒuqì 명 어조, 말투

口腔 kǒuqiāng 명 구강

口头 kǒutóu 명 구두

口音 kǒuyīn 명 구음, 입소리

挎 kuà 동 (팔에) 걸다, 끼다

快活 kuàihuó 형 즐겁다, 유쾌하다

宽敞 kuānchang 형 넓다, 드넓다

款待 kuǎndài 동 정성껏 대접하다

筐 kuāng 명 바구니

框架 kuàngjià 명 뼈대, 골조

旷课 kuàngkè 동 (학생이) 무단 결석하다

况且 kuàngqiě 접 게다가, 더구나

款式 kuǎnshì 명 스타일, 양식, 격식

亏待 kuīdài 동 푸대접하다, 부당하게 대
   하다

亏损 kuīsǔn 통 결손나다, 적자 나다

枯竭 kūjié 형 고갈되다

捆绑 kǔnbǎng 통 줄로 묶다

昆虫 kūnchóng 명 곤충

扩充 kuòchōng 통 확충하다, 늘리다

扩散 kuòsàn 통 확산하다, 퍼뜨리다

扩张 kuòzhāng 통 (세력·영토 따위를) 확장하다

枯燥 kūzào 형 무미건조하다, 지루하다

喇叭 lǎba 명 나팔

来历 láilì 명 (사람이나 사물의) 배경

来源 láiyuán 명 (사물의) 내원, 근원, 출처

懒惰 lǎnduò 형 게으르다, 나태하다

狼狈 lángbèi 형 매우 난처하다, 궁지에 빠지다

朗读 lǎngdú 통 낭독하다, 맑고 큰 소리로 읽다

栏目 lánmù 명 난, 항목

唠叨 láodao 통 (끊임없이) 잔소리하다

牢固 láogù 형 든든하다, 탄탄하다

牢骚 láosāo 명 불만, 넋두리, 푸념

雷达 léidá 명 레이더

类似 lèisì 형 유사하다, 비슷하다

愣 lèng 통 멍해지다, 어리둥절하다

冷淡 lěngdàn 형 쌀쌀하다, 냉정하다

冷酷 lěngkù 형 냉혹하다

冷却 lěngquè 통 냉각하다, 냉각되다

乐趣 lèqù 명 즐거움, 기쁨, 재미

乐意 lèyì 통 …하기를 원하다

晾 liàng 통 (물건을 그늘이나 바람에) 말리다

谅解 liàngjiě 통 양해하다

良心 liángxīn 명 양심

廉洁 liánjié 형 청렴결백하다

联络 liánluò 통 연락하다

联盟 liánméng 명 연맹, 동맹

连年 liánnián 부 연년, 여러 해 계속

连锁 liánsuǒ 형 체인

连同 liántóng 접 …과 함께

联想 liánxiǎng 통 연상하다

辽阔 liáokuò 형 (평야·벌판·수면이)아득히 멀고 광활하다

理睬 lǐcǎi 통 상대하다, 거들떠보다

立场 lìchǎng 명 입장, 태도, 관점

里程碑 lǐchéngbēi 명 이정표

历代 lìdài 명 역대

列举 lièjǔ 통 열거하다

利害 lìhài 명 이익과 손해

立交桥 lìjiāoqiáo 명 입체 교차로

礼节 lǐjié 명 예절

历来 lìlái 부 언제나, 죽, 내내, 여태껏

利率 lìlǜ 명 이율

黎明 límíng 명 날이 샐 무렵

淋 lín 통 (물이나 액체에) 젖다

临床 línchuáng 동 (의사가 직접 병상을 돌아보며) 치료하다

凌晨 língchén 명 새벽녘, 이른 아침

灵感 línggǎn 명 영감

领会 lǐnghuì 동 깨닫다, 이해하다, 파악하다

灵魂 línghún 명 영혼, 혼

伶俐 línglì 형 (머리가) 영리하다

灵敏 língmǐn 형 영민하다, 재빠르다, 반응이 빠르다

领事馆 lǐngshìguǎn 명 영사관

领土 lǐngtǔ 명 영토, 국토

领悟 lǐngwù 동 깨닫다

领先 lǐngxiān 동 (함께 나아갈 때) 앞장서다

零星 língxīng 형 자질구레하다

领袖 lǐngxiù 명 (국가·정당·단체 등의) 지도자, 영도인

吝啬 lìnsè 형 인색하다, 쩨쩨하다

立体 lìtǐ 명 입체

力图 lìtú 동 힘써 강구하다

流浪 liúlàng 동 유랑하다, 방랑하다

留恋 liúliàn 동 미련을 두다

流露 liúlù 동 (생각·감정을) 무의식 중에 나타내다

流氓 liúmáng 명 건달, 깡패

留念 liúniàn 동 기념으로 남기다

留神 liúshén 동 주의하다, 조심하다

流通 liútōng 형 유통하다, 잘 소통되다

例外 lìwài 명 예외

力争 lìzhēng 동 (목표를 위해) 매우 노력하다

理智 lǐzhì 형 냉정하다, 침착하다, 이지적이다

立足 lìzú 동 발붙이다, 근거하다, 입각하다

垄断 lǒngduàn 동 농단하다, 독점하다

聋哑 lóngyǎ 형 귀가 먹고 말도 못하다

笼罩 lǒngzhào 동 덮어 씌우다, 뒤덮다

隆重 lóngzhòng 형 성대하고 장중하다

搂 lǒu 동 (두 팔로) 껴안다, (가슴에) 품다

轮船 lúnchuán 명 (증)기선

轮廓 lúnkuò 명 윤곽, 대체적인 상황

轮胎 lúntāi 명 타이어

论坛 lùntán 명 논단

论证 lùnzhèng 명 논증

落成 luòchéng 동 준공되다, 낙성되다

落实 luòshí 동 실현되다

螺丝钉 luósīdīng 명 너트, 나사

啰嗦 luōsuo 형 말이 많다, 수다스럽다

屡次 lǚcì 부 여러 번, 누차

掠夺 lüèduó 동 빼앗다, 강탈하다

略微 lüèwēi 부 약간, 조금

履行 lǚxíng 동 이행하다, 실행하다

麻痹 mábì 동 마비되다 형 경각심을 늦추다

迈 mài 동 내디다, 내딛다, 나아가다

脉搏 màibó 명 맥박

埋伏 máifú 동 매복하다, 잠복하다

埋没 máimò 동 매몰되다, 묻히다

埋葬 máizàng 동 (시체를) 묻다, 없애 버리다

麻木 mámù 형 마비되다, 무감각하다

漫长 màncháng 형 (시간·공간이) 멀다

忙碌 mánglù 동 (어떤 일을) 서두르다

茫茫 mángmáng 형 아득하다, 망망하다

盲目 mángmù 형 맹목적(인), 무작정

茫然 mángrán 형 아무것도 어쩔줄 몰라 하는 모양

漫画 mànhuà 명 만화

慢性 mànxìng 형 만성의

蔓延 mànyán 동 (사방으로) 널리 퍼지다

埋怨 mányuàn 동 탓하다, 원망하다

冒充 màochōng 동 속여서 …하다, …인 체하다

茂盛 màoshèng 형 (식물이) 우거지다, 무성하다

码头 mǎtóu 명 부두

麻醉 mázuì 동 마취하다, 마비시키다

枚 méi 양 매, 장, 개, 발

美观 měiguān 형 (형식·구성 등이) 아름답다

媒介 méijiè 명 매개자, 매개체, 매체

美满 měimǎn 형 아름답고 원만하다

美妙 měimiào 형 아름답다, 훌륭하다

媒体 méitǐ 명 대중 매체

没辙 méizhé 동 방법이 없다

蒙 méng 동 덮다

猛烈 měngliè 형 맹렬하다, 세차다

梦想 mèngxiǎng 명 꿈 동 갈망하다

萌芽 méngyá 동 (식물이) 싹트다

门诊 ménzhěn 명 진찰[진료]

眯 mī 동 실눈을 뜨다, 눈을 가늘게 뜨다

免得 miǎnde 접 …하지 않도록

勉励 miǎnlì 동 면려하다, 격려하다

面貌 miànmào 명 용모

勉强 miǎnqiǎng 형 간신히…하다, 마지 못하다

免疫 miǎnyì 동 면역이 되다

面子 miànzi 명 체면, 면목

描绘 miáohuì 동 베끼다, 묘사하다

渺小 miǎoxiǎo 형 매우 작다, 미소하다

弥补 míbǔ 동 보충[보상·보완·벌충] 하다

密度 mìdù 명 밀도

蔑视 mièshì 동 멸시[경시]하다, 깔보다

灭亡 mièwáng 동 멸망하다

蜜蜂 mìfēng 명 꿀벌

迷惑 míhuò 동 미혹되다[미혹시키다]

弥漫 mímàn 동 (연기 · 안개 · 모래 · 먼지 · 냄새 등이) 자욱하다

敏感 mǐngǎn 형 민감하다

名次 míngcì 명 석차, 순위, 등수

名额 míng'é 명 정원, 인원 수

明明 míngmíng 부 분명히, 명백히

命名 mìngmíng 동 명명하다, 이름짓다

名誉 míngyù 명 명예, 명성

民间 mínjiān 명 민간, 비공식적, 사적

敏捷 mǐnjié 형 (생각 · 동작 등이) 민첩하다, 빠르다

民用 mínyòng 형 민간에서 쓰는

迷人 mírén 형 매력적이다, 매혹적이다

迷失 míshī 동 (방향 · 이 등을) 잃다

迷信 míxìn 명 미신, 맹목적인 숭배

膜 mó 명 막

摩擦 mócā 동 마찰하다

模范 mófàn 명 모범

魔鬼 móguǐ 명 마귀, 악마, 사탄

磨合 móhé 동 적응하다, 조화하다

默默 mòmò 부 묵묵히, 말없이, 소리 없이

抹杀 mǒshā 동 말살하다, 없애다, 지우다

模式 móshì 명 모식, (표준) 양식, 모델

魔术 móshù 명 마술

墨水儿 mòshuǐr 먹물, 잉크.글공부

摸索 mōsuǒ 동 (방법 · 경험 따위를) 모색하다

谋求 móuqiú 동 강구하다, 모색하다

模型 móxíng 명 모형, 모본

目睹 mùdǔ 동 직접 보다

目光 mùguāng 명 눈빛

模样 múyàng 명 모양, 모습

母语 mǔyǔ 명 모국어, 모어

耐用 nàiyòng 형 오래 쓸 수 있다

纳闷儿 nàmènr 답답하다

难得 nándé 형 얻기 어렵다

难堪 nánkān 형 난감하다, 난처하다

难免 nánmiǎn 동 피하기 어렵다

恼火 nǎohuǒ 동 화내다, 노하다

拿手 náshǒu 형 (어떤 기술에) 뛰어나다, 자신있다

内涵 nèihán 명 내용, 의미, 수양, 교양

内幕 nèimù 명 내막, 속사정

内在 nèizài 형 내재적인

能量 néngliàng 명 에너지

年度 niándù 명 연도

拟定 nǐdìng 동 입안하다, 초안을 세우다

捏 niē 동 (엄지손가락과 다른 손가락으로) 집다

拧 nǐng 동 짜다, 비틀다, 꼬집다

凝固 nínggù 동 응고하다, 굳어지다

凝聚 níngjù 동 맺히다, 응집하다

宁肯 nìngkěn 부 설령 …할지라도

凝视 níngshì 동 주목[응시]하다, 눈여겨보다

宁愿 nìngyuàn 튄 차라리…할지언정, 설령 …할지라도

纽扣儿 niǔkòr 몡 단추

扭转 niǔzhuǎn 뙵 교정하다, 바로잡다

浓厚 nónghòu 톙 (흥미가) 크다, 강하다, 깊다

农历 nónglì 몡 음력

奴隶 núlì 몡 노예

挪 nuó 뙵 옮기다

虐待 nüèdài 뙵 학대하다

殴打 ōudǎ 뙵 구타하다

呕吐 ǒutù 뙵 구토하다

欧洲 ōuzhōu 몡 유럽

趴 pā 뙵 엎드리다

派别 pàibié 몡 파별

排斥 páichì 뙵 배척하다

排除 páichú 뙵 제거하다, 없애다

排放 páifàng 뙵 배출하다

徘徊 páihuái 뙵 거닐다, 왔다 갔다 하다

派遣 páiqiǎn 뙵 파견하다

畔 pàn 몡 (강·호수·도로 등의) 가

攀登 pāndēng 뙵 등반하다, 타고 오르다

庞大 pángdà 톙 (형체·조직·수량 등이) 매우 크다

判决 pànjué 뙵 판결하다, 선고하다

盘旋 pánxuán 뙵 선회하다, 빙빙 돌다, 맴돌다

泡沫 pàomò 몡 (물)거품, 포말

抛弃 pāoqì 뙵 버리다, 포기하다

配备 pèibèi 뙵 배치하다, 배분하다, 분배하다

配偶 pèi'ǒu 몡 배필, 배우자, 반려자, 짝

配套 pèitào 뙵 짜 맞추다

培训 péixùn 뙵 양성하다, 훈련하다

培育 péiyù 뙵 키우다, 양성하다, 육성하다

盆地 péndì 몡 분지

捧 pěng 뙵 두 손으로 받쳐 들다

烹饪 pēngrèn 뙵 요리[조리]하다

劈 pī 뙵 (도끼 등으로) 쪼개다

偏差 piānchā 몡 편차, 잘못, 틀림, 편향

片断 piànduàn 몡 토막, 부분, 일부, 단락

偏见 piānjiàn 몡 편견, 선입견

片刻 piànkè 몡 잠깐, 잠시

偏僻 piānpì 톙 외지다, 궁벽하다

偏偏 piānpiān 튄 뜻밖에, 하필, 단지

篇幅 piānfú 몡 편폭, 문장의 길이

飘扬 piāoyáng 뙵 (바람에) 펄럭이다

疲惫 píbèi 톙 피곤하다, 지치다

批发 pīfā 뙵 도매하다

皮革 pígé 몡 피혁, 가죽

屁股 pìgu 몡 엉덩이

疲倦 píjuàn 톙 피곤하다

拼搏 pīnbó 뙵 전력을 다해 분투하다

品尝 pǐncháng 뙵 맛보다

品德 pǐndé 명 인품과 덕성, 품성

贫乏 pínfá 형 빈궁하다, 가난하다

频繁 pínfán 형 잦다, 빈번하다

平凡 píngfǎn 형 평범하다, 보통이다

评估 pínggū 동 평가하다

评论 pínglùn 동 평론하다, 논의하다, 심의하다

平面 píngmiàn 명 평면

平坦 píngtǎn 형 (도로·지대 등이) 평평하다

平行 píngxíng 형 대등한, 동등한, 동급의

平原 píngyuán 명 평원

屏障 píngzhàng 명 (병풍처럼 둘러쳐진) 장벽

贫困 pínkùn 형 빈곤하다, 곤궁하다

频率 pínlǜ 명 빈도(수), 주파수

拼命 pīnmìng 동 죽기살기로 하다, 필사적으로 하다

品行 pǐnxíng 명 품행, 몸가짐

品质 pǐnzhì 명 품질, 질, 인품

批判 pīpàn 동 비판하다, 지적하다, 질책하다

譬如 pìrú 동 예를 들다

坡 pō 명 (~儿) 비탈, 언덕

泼 pō 동 (물 등의 액체를) 뿌리다, 붓다

颇 pō 부 꽤, 상당히, 자못

迫害 pòhài 동 박해하다, 학대하다

破例 pòlì 동 상례[관례·통례]를 깨다

魄力 pòlì 명 박력, 패기, 기백, 투지

扑 pū 동 돌진하여 덮치다, 뛰어들다

铺 pū 동 (물건을) 깔다, 펴다

瀑布 pùbù 명 폭포(수)

普及 pǔjí 동 보급되다

朴实 pǔshí 형 소박하다, 꾸밈이 없다

掐 qiā 동 (손가락으로) 꼬집다

恰当 qiàdàng 형 적당하다

牵扯 qiānchě 동 연루되다, 관련되다

签订 qiāndìng 동 (조약을) 조인하다

抢劫 qiǎngjié 동 강도짓하다, 빼앗다

抢救 qiǎngjiù 동 (응급 상황에서)구호하다

强迫 qiángpò 동 강제로 시키다

强制 qiángzhì 동 강제하다

前景 qiánjǐng 명 (가까운) 장래, 앞날

迁就 qiānjiù 동 아쉬운 대로 참고 견디다

潜力 qiánlì 명 잠재 능력, 잠재력

签署 qiānshǔ 동 (중요한 문서상에) 정식 서명하다

潜水 qiánshuǐ 동 잠수하다

前提 qiántí 명 전제, 전제 조건

迁徙 qiānxǐ 동 옮겨 가다

谦逊 qiānxùn 형 겸손하다

谴责 qiǎnzé 동 비난하다, 질책하다

牵制 qiānzhì 동 견제하다

桥梁 qiáoliáng 명 교량, 다리

恰巧 qiàqiǎo 뷔 때마침, 공교롭게도
洽谈 qiàtán 동 협의하다, 상담하다
器材 qìcái 명 기자재, 기재, 기구
起草 qǐcǎo 동 글의 초안을 작성하다
启程 qǐchéng 동 출발하다, 길을 나서다
起初 qǐchū 명 처음, 최초
切实 qièshí 형 실용적이다, 실제적이다
欺负 qīfu 동 얕보다, 괴롭히다
起伏 qǐfú 동 기복을 이루다
乞丐 qǐgài 명 거지
气概 qìgài 명 기개
气功 qìgōng 명 기공
器官 qìguān 명 (생물체의) 기관
起哄 qǐhòng 동 소란을 피우다, 법석을 떨다
凄凉 qīliáng 형 처량하다, 애처롭다
起码 qǐmǎ 형 최소한의, 기본적인
奇妙 qímiào 형 기묘하다, 신기하다
侵犯 qīnfàn 동 (불법적으로 타인의 권리
　　를) 침범하다
氢 qīng 명 수소
情报 qíngbào 명 (주로 기밀성을 띤) 정보
清澈 qīngchè 형 맑고 투명하다
清晨 qīngchén 명 이른 아침
清除 qīngchú 동 깨끗이 없애다
请柬 qǐngjiǎn 명 청첩장, 초대장
请教 qǐngjiào 동 가르침을 청하다
清洁 qīngjié 형 깨끗하다

情节 qíngjié 명 플롯, 줄거리
晴朗 qínglǎng 형 구름 한 점 없이 맑다
清理 qīnglǐ 동 깨끗이 정리하다
情理 qínglǐ 명 이치, 사리, 도리
请示 qǐngshì 동 (윗사람에) 지시를 바라다
请帖 qǐngtiē 명 청첩장, 초대장
倾听 qīngtīng 동 귀를 기울여 듣다
清晰 qīngxī 형 뚜렷하다, 분명하다
倾向 qīngxiàng 동 기울다, 쏠리다, 치우
　　치다
倾斜 qīngxié 명 정황, 상황, 형편
情形 qíngxíng 명 정황, 상황, 형편
清醒 qīngxǐng 형 (정신이) 맑다, 의식을
　　회복하다
清真 qīngzhēn 형 회교식의, 이슬람교의
勤俭 qínjiǎn 형 부지런하고 알뜰하다
勤恳 qínkěn 형 근면 성실하다
钦佩 qīnpèi 동 경복하다, 탄복하다
亲热 qīnrè 형 친밀하고 다정스럽다
亲身 qīnshēn 뷔 친히, 직접
旗袍 qípáo 명 치파오
欺骗 qīpiàn 동 속이다, 사기치다, 기만하다
气魄 qìpò 명 기백, 패기, 기세, 세력
齐全 qíquán 형 완전히 갖추다
气色 qìsè 명 안색, 혈색, 얼굴빛
歧视 qíshì 명 동 경시(하다), 차별 대우
　　(하다)

启事 qǐshì 명 광고, 공고

气势 qìshì 명 (사람 또는 사물의) 기세

启示 qǐshì 명 동 계시(하다)

丘陵 qiūlíng 명 구릉, 언덕

期望 qīwàng 명, 동 기대(하다)

气味 qìwèi 명 냄새

期限 qīxiàn 명 기한, 시한

气象 qìxiàng 명 기상(학)

气压 qìyā 명 대기압

起义 qǐyì 동 (정의(正义)를 위해) 봉기하다

起源 qǐyuán 명 동 기원(하다)

旗帜 qízhì 명 기, 깃발

犬 quǎn 명 개

权衡 quánhéng 동 비교하다, 따지다, 재다

全局 quánjú 명 전체 국면, 전체적인 판국

圈套 quāntào 명 올가미, 계략

拳头 quántóu 명 주먹

权威 quánwēi 명 권위, 권위자, 권위 있는 사물

权益 quányì 명 권익

渠道 qúdào 명 관개 수로, 경로, 방법

取缔 qǔdì 동 (공개적으로) 금지를 명하다

瘸 qué 동 절뚝거리다, 다리를 절다

确保 quèbǎo 동 확보하다, 확실히 보장하다

缺口 quēkǒu 명 (~儿) 결함, 빈틈

确立 quèlì 동 확립하다, 확고하게 세우다

确切 quèqiè 형 확실하다

缺席 quēxí 동 결석하다

缺陷 quēxiàn 명 결함, 결점, 부족한 점

确信 quèxìn 동 확신하다, 조금도 의심하지 않다

区分 qūfēn 동 구분하다, 분별하다, 나누다

屈服 qūfú 동 굴복하다

群众 qúnzhòng 명 대중, 군중, 민중

趣味 qùwèi 명 재미, 흥미, 흥취, 취미

区域 qūyù 명 구역, 지역

驱逐 qūzhú 동 몰아 내다, 쫓아 내다

曲子 qǔzi 명 노래, 가곡

染 rǎn 동 염색하다, 전염되다

让步 ràngbù 동 양보하다

扰乱 rǎoluàn 동 혼란시키다, 어지럽히다

饶恕 ráoshù 동 (처벌을) 면해 주다, 용서하다

惹祸 rěhuò 동 화를 초래하다, 일을 저지르다

热门 rèmén 명 인기 있는 것, 유행하는 것

仁慈 réncí 형 인자하다

人道 réndào 명 인간성, 인간애

认定 rèndìng 동 인정하다, 확신하다

人格 réngé 명 인격, 품격, 인품

仍旧 réngjiù 부 여전히, 변함없이

人工 réngōng 형 인위적인, 인공의

人间 rénjiān 명 인간 사회, 세상

认可 rènkě 동 승낙하다, 인가하다

任命 rénmìng 동 임명하다

忍耐 rěnnài 동 인내하다, 참다, 견디다

人士 rénshì 명 인사

忍受 rěnshòu 동 이겨 내다, 참다

人为 rénwéi 형 인위적인

人性 rénxìng 명 인성, 인간의 본성

任性 rènxìng 형 제멋대로 하다, 제 마음
　　대로 하다

任意 rènyì 부 마음대로, 제멋대로

人质 rénzhì 명 인질

日益 rìyì 부 날로, 나날이 더욱

溶解 róngjiě 동 용해하다

容貌 róngmào 명 용모, 생김새

容纳 róngnà 동 수용하다, 용납하다, 받
　　아들이다

容器 róngqì 명 용기

融洽 róngqià 형 사이가 좋다, 융화하다

容忍 róngrěn 동 용인하다, 참고 견디다

揉 róu 동 비비다, 주무르다, 문지르다

柔和 róuhé 형 연하고 부드럽다, 온순하다

弱点 ruòdiǎn 명 약점, 단점

若干 ruògān 대 약간, 조금

撒谎 sāhuǎng 동 거짓말을 하다

腮 sāi 명 뺨, 볼

散步 sànbù 동 산보하다

散发 sànfā 동 발산하다, 퍼지다

丧失 sàngshī 동 잃어버리다, 상실하다

三角 sānjiǎo 명 삼각형의 물건

散文 sǎnwén 명 (운문과 구별하여) 산문

嫂子 sǎozi 명 형수, 아주머니

色彩 sècǎi 명 색채, 색깔, 빛깔

啥 shá 대 무엇, 무슨, 어느, 어떤

刹车 shāchē 동 (자동차의) 브레이크를
　　걸다

筛选 shāixuǎn 동 걸러 내다, 골라 내다

擅长 shàncháng 동 (어떤 방면에) 뛰어
　　나다, 잘하다

商标 shāngbiāo 명 상표

上级 shàngjí 명 상급, 상부, 상사

上进心 shàngjìnxīn 명 진취심, 성취욕

伤脑筋 shāngnǎojīn 골치를 앓다, 골머리
　　를 썩이다

上任 shàngrèn 동 부임하다, 취임하다

上瘾 shàngyǐn 동 중독되다, 인이 박이다

上游 shàngyóu 명 (강의) 상류

山脉 shānmài 명 산맥

闪烁 shǎnshuò 동 번쩍번쩍하다, 반짝이다

擅自 shànzì 동 (월권하여) 자기 멋대로
　　하다

捎 shāo 동 가는 김에 지니고 가다

梢 shāo 명 나무(의) 끝, 말단

哨 shào 몡 (~儿)호루라기, 초소

奢侈 shēchǐ 혱 사치하다, 낭비하다

涉及 shèjí 동 관련되다, 연관되다

设立 shèlì 동 (기구·조직 등을) 설립하다

深奥 shēn'ào 혱 (함의나 이치가) 심오하다

申报 shēnbào 동 (상급 기관에) 서면으로 보고하다

审查 shěnchá 동 (제안·계획·저작·경력 등을) 심사하다

深沉 shēnchén 혱 침착하고 신중하다

盛产 shèngchǎn 동 많이 생산하다

牲畜 shēngchù 몡 가축

生存 shēngcún 몡 동 생존(하다)

胜负 shèngfù 몡 승부, 승패

省会 shěnghuì 몡 성 행정부 소재지

生机 shēngjī 몡 활력, 생명력, 생기

盛开 shèngkāi 동 (꽃이) 활짝 피다

生理 shēnglǐ 몡 생리(학)

声明 shēngmíng 몡 동 성명문, 공개적으로 선언하다

盛情 shèngqíng 몡 두터운 정

声势 shēngshì 몡 성세, 명성과 위세

生疏 shēngshū 혱 낯설다, 소원하다, 서툴다, 미숙하다

生态 shēngtài 몡 생태

生物 shēngwù 몡 생물

生效 shēngxiào 동 효과가 나타나다, 효력이 발생하다

盛行 shèngxíng 동 성행하다, 널리 유행하다

生锈 shēngxiù 동 녹이 슬다

生育 shēngyù 동 출산하다, 아이를 낳다

声誉 shēngyù 몡 명성, 명예

审理 shěnlǐ 동 심사하여 처리하다

审美 shěnměi 동 아름다움을 감상하다

审判 shěnpàn 동 (안건을) 심판하다

神奇 shénqí 혱 신기하다, 신비롭고 기이하다

神气 shénqì 몡 기색

神情 shénqíng 몡 표정, 안색, 기색

神色 shénsè 몡 표정, 안색, 기색, 얼굴빛

神圣 shénshèng 혱 신성하다, 성스럽다

绅士 shēnshì 몡 신사

神态 shéntài 몡 표정과 태도, 기색과 자태, 표정

渗透 shèntòu 동 (액체가) 스며들다

神仙 shénxiān 몡 신선, 선인

呻吟 shēnyín 동 신음하다

慎重 shènzhòng 혱 신중하다

社区 shèqū 몡 지역 사회, (아파트 등의) 단지

摄取 shèqǔ 동 (영양 등을) 흡수하다, 섭취하다

摄氏度 shèshìdù 양 섭씨온도

设想 shèxiǎng 명 동 가상(하다), 상상(하다)

设置 shèzhì 동 설치하다, 설립하다

拾 shí 동 줍다, 집다

势必 shìbì 부 반드시, 꼭

识别 shíbié 동 식별하다

时差 shíchā 명 시차

时常 shícháng 부 늘, 자주, 항상

世代 shìdài 명 여러 대, 대대

时而 shí'ěr 부 때때로, 이따금

师范 shīfàn 명 사범 학교(师范学校)

示范 shìfàn 명 동 시범(하다)

释放 shìfàng 동 석방하다, 방출하다

是非 shìfēi 명 옳고 그름, 잘 잘못

事故 shìgù 명 사고

时光 shíguāng 명 시기, 때, 시절

实惠 shíhuì 형 실용적이다, 실질적이다

时机 shíjī 명 (유리한) 시기, 기회, 때

事迹 shìjì 명 사적

施加 shījiā 동 (압력이나 영향 등을) 주다

事件 shìjiàn 명 사건

世界观 shìjièguān 명 세계관

势力 shìlì 명 세력

视力 shìlì 명 시력

实力 shílì 명 실력, 힘

使命 shǐmìng 명 사명

时事 shíshì 명 시사, 최근의 국내외 대 사건

实施 shíshī 동 실시하다, 실행하다

逝世 shìshì 동 세상을 떠나다

事态 shìtài 명 사태, 정황

尸体 shītǐ 명 시체

试图 shìtú 동 시도하다

示威 shìwēi 명 동 시위(하다)

失误 shīwù 명 동 실수를 (하다)

事务 shìwù 명 일, 사무, 업무

视线 shìxiàn 명 시선, 눈길

事项 shìxiàng 명 사항

试验 shìyàn 명 동 시험(하다), 실험(하다)

事业 shìyè 명 사업

视野 shìyě 명 시야, 시계

示意 shìyì 동 (동작·표정·함축된 말 등으로)뜻을 표시하다

适宜 shìyí 동 적합하다, 적당하다 형 알맞다

石油 shíyóu 명 석유

施展 shīzhǎn 동 (수완이나 재능을) 발휘하다, 펼치다

实质 shízhì 명 실질, 본질

时装 shízhuāng 명 최신 스타일의 복장, 유행복

失踪 shīzōng 동 실종되다, 종적이 묘연하다

十足 shízhú 형 충분하다, 충족하다

收藏 shōucáng 동 소장하다, 수집하여 보관하다

手法 shǒufǎ 명 (예술[문학] 작품의)수법

守护 shǒuhù 동 지키다, 수호하다

手势 shǒushì 명 손짓, 손시늉, 손동작

收缩 shōusuō 동 수축하다, 졸아들다

首要 shǒuyào 형 가장 중요하다

收益 shōuyì 명 수익, 이득, 수입

手艺 shǒuyì 명 손재간, 솜씨, 수공 기술

收音机 shōuyīnjī 명 라디오

授予 shòuyǔ 동 (훈장·상장·명예·학위 등을) 수여하다

受罪 shòuzuì 동 고생하다, 고난을 당하다

束 shù 양 묶음, 다발, 단

耍 shuǎ 동 놀리다, 장난하다

衰老 shuāilǎo 형 노쇠하다, 늙어 쇠약해지다

率领 shuàilǐng 동 (무리나 단체를) 거느리다

衰退 shuāituì 동 쇠약해지다, 쇠퇴하다

双胞胎 shuāngbāotāi 명 쌍둥이

爽快 shuǎngkuài 형 시원시원하다, 솔직하다

涮火锅 shuànhuǒguō 명 중국식 신선로(샤브샤브)

舒畅 shūchàng 형 상쾌하다, 유쾌하다

数额 shù'é 명 액수

书法 shūfǎ 명 서예

束缚 shùfì 동 구속하다, 속박하다

水利 shuǐ 명 수리

水龙头 shuǐlóngtóu 명 수도꼭지

水泥 shuǐní 명 시멘트

书籍 shūjí 명 서적, 책

书记 shūji 명 서기

树立 shùlì 동 수립하다, 세우다

书面 shūmiàn 명 서면, 지면

数目 shùmù 명 수, 수량, 숫자, 수효

司法 sīfǎ 명 사법

司令 sīlìng 명 사령, 사령관

思念 sīniàn 동 그리워하다

思索 sīsuǒ 동 사색하다, 깊이 생각하다

死亡 sǐwáng 명 사망, 멸망, 파국

思维 sīwéi 명 사유

斯文 sīwen 형 우아하다, 고상하다

思绪 sīxù 명 생각(의 갈피), 사고(의 실마리)

饲养 sìyǎng 동 먹이다, 사육하다

四肢 sìzhī 명 사지

私自 sīzì 부 사적으로, 몰래, 개인적으로

耸 sǒng 동 (어깨를) 추키다

艘 sōu 양 척[선박을 헤아리는 데 쓰임]

搜索 sōusuǒ 동 (인터넷에)검색하다, 수색하다

算了 suànle 동 됐어

算数 suànshù 동 말한 대로 하다, (유효 하다고) 인정하다

俗话 súhuà 명 속담, 옛말

隧道 suìdào 명 굴, 터널

随即 suíjí 부 바로, 즉각, 즉시, 곧

随身 suíshēn 동 몸에 지니다, 휴대하다

随手 suíshǒu 부 …하는 김에, 겸해서

随意 suíyì 부 (자기) 마음대로, 뜻대로

岁月 suìyuè 명 세월, 시간

损坏 sǔnhuài 동 손상시키다, 파손시키다

索赔 suǒpéi 동 배상[변상]을 요구하다

索性 suǒxìng 부 차라리, 아예

诉讼 sùsòng 동 소송하다, 재판을 걸다

苏醒 sūxǐng 동 되살아나다, 의식을 회복 하다

塑造 sùzào 동 (언어·문자로) 인물을 형 상화하다

素质 sùzhì 명 소양, 자질

塌 tā 동 무너지다, 붕괴하다, 넘어지다

泰斗 tàidǒu 명 권위자, 대가(大家), 제 일인자

台风 táifēng 명 태풍

太空 tàikōng 명 우주

坦白 tǎnbái 형 솔직하다, 허심탄회하다

探测 tàncè 동 (기구로) 탐측하다

摊儿 tānr 명 노점, 노점상

倘若 tǎngruò 접 …한다면

贪婪 tānlǎn 형 탐욕스럽다

叹气 tànqì 동 탄식하다, 한숨짓다

探讨 tàntǎo 동 연구 토론하다

探望 tànwàng 동 방문하다, 문안하다

贪污 tānwū 동 탐오하다, 횡령하다

弹性 tánxìng 명 탄성, 탄력성

掏 tāo 동 (손이나 도구로) 꺼내다

陶瓷 táocí 명 도자기

淘气 táoqì 형 장난이 심하다, 말을 듣지 않다

淘汰 táotài 동 도태하다, 추려 내다, 제거 하다

特长 tècháng 명 특기, 장기, 장점

特定 tèdìng 형 특정한, 특별히 지정한

特色 tèsè 명 특색, 특징

舔 tiǎn 동 핥다

天才 tiāncái 명 천재

田径 tiánjìng 명 육상경기

天然气 tiānránqì 명 천연 가스

天生 tiānshēng 형 타고난, 선천적인, 천 성적인

天堂 tiāntáng 명 천당, 천국, 극락

天文 tiānwén 명 천문(학)

挑拨 tiǎobō 동 분쟁을 일으키다

调和 tiáohé 동 분규를 해결하다, 화해시 키다

调剂 tiáojì 동 조절하다, 조정하다

调节 tiáojié 동 조절하다

调解 tiáojiě 동 조정하다, 중재하다, 화해
시키다

条款 tiáokuǎn 명 (법규·조약·규정·계
약 등의) 조항

调理 tiáolǐ 동 돌보다, 관리하다, 몸조리
하다

调料 tiáoliào 명 조미료, 양념

挑剔 tiāoti 동 (결점·잘못 등을) 까다
롭다

挑衅 tiǎoxìn 동 분쟁을 일으키다, 싸움을
걸다

条约 tiáoyuē 명 조약

跳跃 tiàoyuè 동 뛰어오르다, 도약하다

提拔 tíbá 동 발탁하다, 등용하다

题材 tícái 명 제재, 문학이나 예술 작품의
소재

提炼 tíliàn 동 (물리·화학적인 방법을
통해) 추출하다

体谅 tǐliàng 동 (남의 입장에서) 이해하
다, 양해하다

体面 tǐmiàn 형 떳떳하다, 체면이 서다

挺拔 tǐngbá 형 우뚝하다, 늘씬하다

停泊 tíngbó 동 (배가) 정박하다, 머물다

停顿 tíngdùn 동 멈추다, 중단하다, 휴지
하다

停滞 tíngzhì 동 정체되다, 막히다, 침체
하다

亭子 tíngzi 명 정자

提示 tíshì 동 일러 주다, 힌트를 주다

体系 tǐxì 명 체계

提议 tíyì 명 동 제의(하다)

同胞 tóngbāo 명 동포, 한 민족

童话 tónghuà 명 동화

统计 tǒngjì 명 동 통계(하다)

铜矿 tóngkuàng 명 동광

通俗 tōngsú 형 통속적이다

统统 tǒngtǒng 부 전부, 모두, 다

通用 tōngyòng 동 보편적으로 사용하다

投票 tóupiào 동 투표하다

投降 tóuxiáng 동 투항하다, 항복하다

投掷 tóuzhì 동 던지다, 투척하다

秃 tū 형 머리카락이 없다, (나무가) 앙상하다

图案 tú'àn 명 도안

团体 tuántǐ 명 단체

团圆 tuányuán 동 흩어졌다가 다시 모이다

徒弟 túdì 명 제자

推测 tuīcè 동 추측하다, 헤아리다

推翻 tuīfān 동 뒤집어엎다, 전복시키다

推理 tuīlǐ 명 동 추리(하다), 추론(하다)

推论 tuīlùn 명 동 추론(하다)

推销 tuīxiāo 동 판 (어떠한 제품을) 마케
팅 하다

途径 tújìng 명 방법, 수단, 경로

涂抹 túmǒ 동 칠하다, 바르다

妥当 tuǒdang 형 타당하다, 적당하다

唾沫 tuòmo 명 침, 타액

妥善 tuǒshàn 형 나무랄 데 없다, 적절하다, 타당하다

妥协 tuǒxié 동 타협하다, 타결되다

拖延 tuōyán 동 (시간을) 끌다, 연기하다

椭圆 tuǒyuán 명 타원

托运 tuōyùn 동 (짐·화물을) 탁송하다

突破 tūpò 동 (한계·난관을) 돌파하다, 극복하다

土壤 tǔrǎng 명 토양, 흙

外表 wàibiǎo 명 겉모습, 외모

外界 wàijiè 명 외부, 외계

歪曲 wāiqū 동 (사실이나 내용을 고의로) 왜곡하다

外向 wàixiàng 형 (성격이) 외향적이다, 대외 지향적인

瓦解 wǎjiě 동 와해되다, 분열하다, 무너지다, 붕괴하다

挖掘 wājué 동 찾아 내다, 발굴하다

丸 wán 양 알, 환[환약을 세는 단위]

完备 wánbèi 형 완비되어 있다, 모두 갖추다

完毕 wánbì 동 끝내다, 마치다

万分 wànfēn 부 대단히, 극히, 매우

往常 wǎngcháng 명 평소, 평상시

网络 wǎngluò 명 네트워크

往事 wǎngshì 명 지난 일, 옛일

顽固 wángù 형 고집스럽다 명 고집쟁이

妄想 wàngxiǎng 명 동 망상(하다)

挽回 wǎnhuí 동 만회하다, 돌이키다

挽救 wǎnjiù 동 (위험에서) 구해 내다, 구제하다

玩弄 wánnòng 동 희롱하다, 우롱하다, 놀리다

顽强 wánqiáng 형 완강하다, 억세다, 강경하다

惋惜 wǎnxī 동 애석해하다, 아쉬워하다

玩意儿 wányìr 명 물건

娃娃 wáwa 명 (갓난)아기, 어린애, 인형

违背 wéibèi 동 위반하다, 위배하다

维持 wéichí 동 유지하다, 지키다

唯独 wéidú 부 오직, 홀로, 유독

威风 wēifēng 형 당당하다, 위엄이 있다

微观 wēiguān 명 미시 형 미시적이다

危机 wēijī 명 위기, 위험한 고비

畏惧 wèijù 동 두려워하다, 무서워하다

威力 wēilì 명 위력

未免 wèimiǎn 부 아무래도 …이다

为难 wéinán 형 난처하다 동 난처하게 만들다

为期 wéiqī 명 동 기한(으로 하다)

维生素 wéishēngsù 명 비타민

威望 wēiwàng 명 명망, 명성과 인망

慰问 wèiwèn 동 위로하고 안부를 묻다

威信 wēixìn 명 위신, 권위, 위엄

卫星 wèixīng 명 위성, 인공위성

维修 wéixiū 동 (기계 등을) 간수 수리하다

位于 wèiyú 동 …에 위치하다

委员 wěiyuán 명 (위원회의) 위원

伪造 wěizào 동 위조하다, 날조하다

温带 wēndài 명 온대

文凭 wénpíng 명 졸업 증서

问世 wènshì 동 (저작물 · 발명품 · 신상
  품 등이) 세상에 나오다

文物 wénwù 명 문물

文献 wénxiàn 명 문헌

文雅 wényǎ 형 (언행이나 태도 따위가)
  품위가 있다, 우아하다

文艺 wényì 명 문예, 문학과 예술

窝 wō 명 둥지, 굴, 보금자리

勿 wù 부 …해서는 안 된다, …하지 마라

务必 wùbì 부 반드시, 꼭, 기필코

误差 wùchā 명 오차

无偿 wúcháng 형 무상의

无耻 wúchǐ 형 염치 없다, 뻔뻔스럽다

无从 wúcóng 부 (어떤 일을 하는데) …
  할 길이 없다

舞蹈 wǔdǎo 명 무도, 춤

无非 wúfēi 부 단지 …에 지나지 않는다

乌黑 wūhēi 형 아주 검다, 깜깜하다

误解 wùjiě 명 동 오해(하다)

无赖 wúlài 형 무뢰하다, 막돼먹다

污蔑 wūmiè 동 모독하다, 비방하다, 모
  욕하다

侮辱 wǔrǔ 동 모욕[모독 · 능욕]하다

务实 wùshí 형 실무[실제 · 실용 · 사실]
  적인

武侠 wǔxiá 명 무협

诬陷 wūxiàn 동 사실을 날조하여 모함
  하다

无知 wúzhī 형 무지하다, 아는 것이 없다

武装 wǔzhuāmg 명 무장 동 무장시키다

物资 wùzī 명 물자

溪 xī 명 시내, 개천, 개울

霞 xiá 명 노을

狭隘 xiá'ài 형 (도량 · 견식 등이) 좁다

峡谷 xiágǔ 명 협곡

夏令营 xiàlìngyíng 명 여름 캠프, 하계
  캠프

弦 xián 명 활시위, (악기에서 음을 내는)
  줄, 선, 현

嫌 xián 동 싫어하다, 역겨워하다, 꺼리다

现场 xiànchǎng 명 현장

现成 xiànchéng 형 원래부터 있는, 기성의

宪法 xiànfǎ 명 헌법

巷 xiàng 명 골목, 좁은 길

相差 xiāngchà 동 서로 차이가 나다, 서로 다르다

向导 xiàngdǎo 명 가이드 동 길을 안내하다

相等 xiāngděng 동 (수량·분량·정도 등이) 같다

向来 xiànglái 부 본래부터, 여태까지, 지금까지

响亮 xiǎngliàng 형 (소리가) 크고 맑다

镶嵌 xiāngqiàn 동 끼워 넣다

向往 xiàngwǎng 동 열망하다, 갈망하다

响应 xiǎngyìng 동 호응하다, 응하다

乡镇 xiāngzhèn 명 향(乡)과 진(镇)

陷害 xiànhài 동 남을 어려운 처지로 몰다

闲话 xiánhuà 명 뒷말, 뒷공론, 불평, 잡담

贤惠 xiánhuì 형 어질고 총명하다

衔接 xiánjiē 동 맞물리다, 이어지다, 연결하다

先进 xiānjìn 형 선진의, 진보적인

鲜明 xiānmíng 형 분명하다, 명확하다

掀起 xiānqǐ 동 열다, 불러일으키다

先前 xiānqián 명 이전, 예전

馅儿 xiànr 명 만두소

陷入 xiànrù 동 (불리한 지경에) 빠지다

纤维 xiānwéi 명 (천연 또는 인공의) 섬유

嫌疑 xiányí 명 의심쩍음, 혐의

显著 xiǎnzhù 형 뚜렷하다, 두드러지다

现状 xiànzhuàng 명 현상, 현황

消除 xiāochú 동 없애다, 해소하다

消毒 xiāodú 동 소독하다

消防 xiāofáng 명 소방

消耗 xiāohào 동 (정신·힘·물자 등을) 소모하다

销毁 xiāohuǐ 동 소각하다, 불태워 없애다

消极 xiāojí 형 소극적이다, 의기소침하다

肖像 xiāoxiàng 명 (사람의) 사진, 화상

效益 xiàoyì 명 효익, 이익, 이득, 성과

下属 xiàshǔ 명 부하

狭窄 xiázhǎi 형 협소하다, 비좁다

细胞 xìbāo 명 세포

携带 xiédài 동 휴대하다, 지니다, 데리다

协会 xiéhuì 명 협회

谢绝 xièjué 동 사절하다, 정중히 거절하다

泄露 xièlòu 동 (비밀·기밀 등을) 누설하다

泄气 xièqì 동 자신감을[용기를] 잃다

协商 xiéshāng 동 협상하다, 합의하다

协议 xiéyì 명 동 협의(하다)

协助 xiézhù 동 협조하다, 보조하다

写作 xiězuò 동 글을 짓다, 저작하다

媳妇 xífù 명 며느리

膝盖 xīgài 명 무릎

袭击 xíjī 동 기습, 습격

细菌 xìjūn 명 세균

系列 xìliè 몡 계열

熄灭 xīmiè 동 (등이나 불이) 꺼지다

心得 xīndé 몡 심득, 느낌, 소감, 체득

腥 xīng 형 비린내가 나다

性感 xìnggǎn 형 섹시하다

幸好 xìnghǎo 부 다행히, 운 좋게

兴隆 xīnglóng 형 창성하다, 흥성하다

性命 xìngmìng 몡 목숨, 생명

性能 xìngnéng 몡 성능

性情 xìngqíng 몡 천성과 기질, 타고난 성격

形态 xíngtài 몡 형태

兴旺 xīngwàng 형 창성하다, 흥성하다, 번창하다

行政 xíngzhèng 몡 행정, 사무

信赖 xìnlài 동 신뢰하다, 믿고 의지하다

新郎 xīnláng 몡 신랑

心灵 xīnlíng 몡 심령, 정신, 영혼, 마음

信念 xìnniàn 몡 신념, 믿음

新娘(子) xīnniáng(zi) 몡 신부

辛勤 xīnqín 형 부지런하다

薪水 xīnshui 몡 봉급, 급료, 급여

心态 xīntài 몡 심리 상태, 마음 가짐

心疼 xīnténg 동 아까워하다, 애석해하다

欣慰 xīnwèi 형 기쁘고 안심이 되다

心血 xīnxuè 몡 심혈

信仰 xìnyǎng 몡 동 신앙(하다)

新颖 xīnyǐng 형 새롭다, 신선하다

信誉 xìnyù 몡 신용, 명성

凶恶 xiōng'è 형 (성격·행위·용모 등이) 흉악하다

雄厚 xiónghòu 형 (인력·물자 등이) 풍부하다

凶手 xiōngshǒu 몡 범인

胸膛 xiōngtáng 몡 가슴, 흉부

吸取 xīqǔ 동 흡수하다, 섭취하다

昔日 xīrì 몡 옛날, 이전

牺牲 xīshēng 동 희생하다

习俗 xísú 몡 풍속, 습속

绣 xiù 동 수놓다

羞耻 xiūchǐ 형 부끄럽다, 수치스럽다

修复 xiūfù 동 수리하다, 복구하다

修建 xiūjiàn 동 건설하다, 건축하다

修理 xiūlǐ 동 수리하다, 수선하다, 손질하다, 고치다

修养 xiūyǎng 몡 수양, 교양

夕阳 xīyáng 몡 석양, 저녁 해

喜悦 xǐyuè 형 기쁘다, 즐겁다

细致 xìzhì 형 세밀하다, 꼼꼼하다

选拔 xuǎnbá 동 (인재를) 선발하다

悬挂 xuáguà 동 걸다, 매달다

旋律 xuánlǜ 몡 선율, 멜로디, 리듬

悬念 xuánniàn 몡 서스펜스

宣誓 xuānshì 동 선서하다

选手 xuǎnshǒu 명 선수

宣扬 xuānyáng 동 선양하다, 널리 알리다

旋转 xuánzhuǎn 동 (빙빙) 돌다, 회전하다

学历 xuélì 명 학력

削弱 xuēruò 동 약화시키다, 약하게 하다

学说 xuéshuō 명 학설

学位 xuéwèi 명 (학사·석사·박사 등의) 학위

血压 xuèyā 명 혈압

虚假 xūjiǎ 형 거짓의, 허위의, 가짜의

酗酒 xùjiǔ 동 무절제하게 술을 마시다

许可 xǔkě 동 허가하다, 승낙하다

畜牧 xùmù 동 축산하다, 목축하다

循环 xúnhuán 동 순환하다

巡逻 xúnluó 동 순찰하다, 순시하다

寻觅 xúnmì 동 찾다

熏陶 xūntáo 동 훈도하다, 영향을 끼치다

需求 xūqiú 명 수요, 필요

虚荣 xūróng 명 허영, 헛된 영화

虚伪 xūwěi 형 허위의, 거짓의

序言 xùyán 명 서문, 서언, 머리말

须知 xūzhī 동 반드시 알아야 한다

押金 yājīn 명 보증금, 담보금, 선금

亚军 yàjūn 명 준우승(자)

演变 yǎnbiàn 동 변화 발전하다, 변천하다

掩盖 yǎngài 동 덮어 가리다

样品 yàngpǐn 명 견본, 샘플

氧气 yǎngqì 명 산소

眼光 yǎnguāng 명 시선, 안목, 관점

沿海 yánhǎi 명 연해, 바닷가 근처 지방

严寒 yánhán 형 추위가 심하다, 아주 춥다

掩护 yǎnhù 동 몰래 보호하다

演讲 yǎnjiǎn 명 동 강연(하다)

严禁 yánjìn 동 엄격하게 금지하다

严峻 yánjùn 형 심각하다, 엄숙하다

严厉 yánlì 형 호되다, 매섭다, 준엄하다

言论 yánlùn 명 언론, 의견

严密 yánmì 형 빈틈없다, 세밀하다

淹没 yānmò 동 (큰물에) 잠기다

延期 yánqī 동 (기간을) 연장하다

炎热 yánrè 형 (날씨가) 무덥다

颜色 yánsè 명 색, 색깔

延伸 yánshēn 동 확장하다, 뻗어 나가다,

眼神 yǎnshén 명 눈의 표정, 눈매, 눈빛

岩石 yánshí 명 암석, 바위

掩饰 yǎnshì 동 (결점·실수 따위를) 덮어 숨기다

验收 yànshōu 동 검사하여 받다

厌恶 yànwù 동 몹시 싫어하다

演习 yǎnxí 동 연습하다

眼下 yǎnxià 명 현재, 지금

延续 yánxù 동 계속하다

演绎 yǎnyì 동 벌여 놓다, 전개하다

验证 yànzhèng 동 검증하다

演奏 yǎnzòu 동 연주하다

要不然 yàburán 접 그렇지 않으면

要点 yàodiǎn 명 요점, 요부

摇滚 yáogǔn 명 로큰롤, 락음악

摇晃 yáohuàng 동 흔들리다

遥控 yáokòng 동 원격 조종하다

要素 yàosù 명 요소

谣言 yáoyán 명 유언비어, 헛소문

耀眼 yàoyǎn 형 (광선이나 색채가 강렬하여) 눈부시다

遥远 yáoyuǎn 형 아득히 멀다.

压迫 yāpò 동 억압하다, 압박하다

压岁钱 yāsuìqián 명 세뱃돈

压缩 yāsuō 동 압축하다

压榨 yāzhà 동 압착하다, 눌러서 짜내다 [짜다]

压制 yāzhì 동 억제하다, 제지하다, 억누르다

野蛮 yěmán 형 야만적이다

野心 yěxīn 명 야심

亦 yì 부 …도 역시, 또, 또한

翼 yì 명 날개, 깃

以便 yǐbiàn 접 …(하기에 편리)하도록

遗产 yíchǎn 명 유산

遗传 yíchuán 동 유전하다

依次 yīcì 부 순서에 따라

一度 yídù 부 한때, 한동안

一贯 yíguàn 형 (사상·태도·정책 등이) 한결같다

疑惑 yíhuò 명 동 의심(하다)

依旧 yījiù 부 여전히

依据 yījù 명 동 의거(하다)

依靠 yīkào 명 동 의존(하다)

依赖 yīlài 동 의지하다, 기대다

毅力 yìlì 명 굳센 의지, 완강한 의지

意料 yìliào 명 동 예상(하다), 예측(하다)

遗留 yíliú 동 남기다, 남아 있다

一流 yīliú 형 가장 좋다

一律 yílǜ 부 예외 없이, 모두

以免 yǐmiǎn 접 …하지 않도록

隐蔽 yǐnbì 형 은폐된, 겉으로 드러나지 않은

引导 yǐndǎo 동 인도하다, 인솔하다

应酬 yìngchou 동 접대하다, 사교하다

婴儿 yīng'ér 명 영아

盈利 yínglì 명 동 이윤을 얻다

迎面 yíngmiàn 명 맞은편, 정면

英明 yīngmíng 형 영명하다

荧屏 yíngpíng 명 텔레비전 스크린, 모니터

应邀 yìngyāo 동 초청을 받아들이다

英勇 yīngyǒng 형 영용하다, 용감하다

隐患 yǐnhuàn 명 잠복해 있는 병[위험]

隐瞒 yǐnmán 동 (진상을) 숨기다, 속이다

阴谋 yīnmóu 뗑 음모

引擎 yǐnqíng 뗑 엔진

饮食 yǐnshí 뗑 음식

印刷 yìnshuā 똥 인쇄하다

隐私 yǐnsī 뗑 사적인 비밀, 개인의 사생활

音响 yīnxiǎng 뗑 음향, 음향 기기

引用 yǐnyòng 똥 인용하다, 임용하다

隐约 yǐnyuē 혱 희미하다, 흐릿하다

仪器 yíqì 뗑 측정[계측]기

依然 yīrán 뿐 여전히

衣裳 yīshang 뗑 의상, 의복

仪式 yíshì 뗑 의식

遗矢 yíshǐ 똥 대변을 보다

意识 yìshí 뗑 의식

意图 yìtú 뗑 의도, 기도, 타산

依托 yītuō 똥 의지하다, 기대다

以往 yǐwǎng 뗑 종전, 이전, 이왕, 기왕

意味着 yìwèizhe 똥 의미하다, 뜻하다

意向 yìxiàng 뗑 의향, 의도, 의사

一向 yíxiàng 뿐 줄곧, 내내, 종래, 그 동안

一再 yízài 뿐 수차, 거듭, 반복해서

以致 yǐzhì 쩝 …을[를] 가져오다[초래하다]

意志 yìzhì 뗑 의지, 의기

以至 yǐzhì 쩝 …에 이르기까지, …로 하여

抑制 yìzhì 똥 (감정을) 억제하다, 억누르다

用功 yònggōng 혱 열심이다

永恒 yǒnghéng 혱 영원히 변하지 않다

拥护 yōnghù 똥 (당파 · 지도자 · 정책 · 노선 등을) 옹호하다

用户 yònghù 뗑 사용자, 가입자

庸俗 yōngsú 혱 범속하다, 비속하다

涌现 yǒngxiàn 똥 한꺼번에 나타나다.

拥有 yōngyǒu 똥 보유하다, 소유하다

勇于 yǒngyú 똥 용감하게 …하다

踊跃 yǒngyuè 혱 열렬하다, 적극적이다

诱惑 yòuhuò 똥 유혹하다, 매료[매혹]시키다

油腻 yóunì 혱 기름지다

油漆 yóuqī 뗑 페인트, 도료

犹如 yóurú 똥 마치 …와[과] 같다

优先 yōuxiān 똥 우선하다

优异 yōuyì 혱 특히 우수하다, 특출하다

忧郁 yōuyù 혱 우울하다, 침울하다

优越 yōuyuè 혱 우월하다, 우량하다, 우수하다

幼稚 yòuzhì 혱 유치하다, 어리다.

原告 yuángào 뗑 원고

原理 yuánlǐ 뗑 원리

园林 yuánlín 뗑 원림, 정원

圆满 yuánmǎn 혱 원만하다, 완벽하다

源泉 yuánquán 뗑 원천

原始 yuánshǐ 혱 원시의, 원래의

元首 yuánshǒu 뗑 국가 원수

元素 yuánsù 뗑 요소

原先 yuánxiān 명 종전, 이전, 최초, 본래

元宵节 yuánxiāojié 명 원소절, 정월 대보름

愚蠢 yúchǔn 형 어리석다, 우둔하다

岳父 yuèfù 명 장인

乐谱 yuèpǔ 명 악보

约束 yuēshù 동 단속하다, 규제하다

预料 yùliào 동 예상하다, 예측하다

舆论 yúlùn 명 여론

愚昧 yúmèi 형 어리석고 사리에 어둡다

渔民 yúmín 명 어민

熨 yùn 동 다리다, 다림질하다

蕴藏 yùncáng 동 잠재하다, 매장되다

酝酿 yùnniàng 동 술을 빚다, 술을 발효 시키다

运行 yùnxíng 동 (차 · 열차 · 배 · 별 등 이) 운행하다

孕育 yùnyù 동 낳아 기르다, 생육하다, 배양하다

预期 yùqī 동 예기하다, 미리 기대하다

羽绒服 yǔróngfú 명 다운 재킷(down jacket)

预赛 yùsài 명 예선 경기

预算 yùsuàn 동 예산하다

欲望 yùwàng 명 욕망

预先 yùxiān 부 사전에, 미리

寓言 yùyán 명 우언, 우화(寓话)

预言 yùyán 동 예언하다 명 예언

予以 yǔyǐ 동 …을[를] 주다

预兆 yùzhào 명 전조, 조짐, 징조

在乎 zàihu 동 신경 쓰다, 개의하다

灾难 zāinàn 명 재난, 재해, 화, 환난

栽培 zāipéi 동 심어 가꾸다, 배양하다

在意 zàiyì 동 마음에 두다

杂技 zájì 명 잡기, 곡예, 서커스

杂交 zájiāo 동 (품종이나 속이 다른 생물 끼리)교잡하다

攒 zǎn 동 쌓다, 모으다, 저축하다

暂且 zànqiě 부 잠시, 잠깐, 당분간

赞叹 zàntàn 동 감탄하며 찬미하다

赞同 zàntóng 동 찬성하다, 찬동하다

赞扬 zànyáng 동 찬양하다

赞助 zànzhù 동 찬조하다

造反 zàofǎn 동 반란을 일으키다

遭受 zāoshòu 동 (불행 또는 손해를) 입다

糟蹋 zāotà 동 낭비하다, 파괴하다

造型 zàoxíng 명 이미지, 형상, 조형

遭殃 zāoyāng 동 재난을 입다

噪音 zàoyīn 명 소음

遭遇 zāoyù 명 (좋지 않는) 처지, 경우

责怪 zéguài 동 원망하다, 책망하다, 탓하다

贼 zéi 명 도둑

赠送 zèngsòng 동 증정하다

增添 zēngtiān 동 더하다, 늘리다

眨 zhǎ 동 (눈을) 깜박거리다, 깜짝이다

渣 zhā 명 찌꺼기, 침전물, 잔류물

债券 zhàiquàn 명 [경제] 채권

摘要 zhāiyào 명 적요, 개요

颤抖 chàndǒu 동 벌벌 떨다

战斗 zhàndòu 명 동 전투(하다)

障碍 zhàng'ài 동 방해하다

长辈 zhǎngbèi 명 집안 어른

章程 zhāngchéng 명 장정, 규정

帐篷 zhàngpeng 명 장막, 천막, 텐트

沾光 zhānguāng 동 덕을 보다

占据 zhànjū 동 점거하다, 차지하다

占领 zhànlǐng 동 (토지나 진지를) 점령
　　하다

战略 zhànlüè 명 전략

展示 zhǎnshì 동 전시하다

战术 zhànshù 명 전술

展望 zhǎnwàng 동 전망하다

展现 zhǎnxiàn 동 드러내다, 나타나다

崭新 zhǎnxīn 형 아주 새롭다

瞻仰 zhānyǎng 동 첨앙하다, 우러러보다

战役 zhànyì 명 전역.

占有 zhànyǒu 동 차지하다, 소유하다

照料 zhàoliào 동 돌보다, 보살피다

着迷 zháomí 동 빠져들다, 매혹되다

招收 zhāoshōu 동 (학생·일꾼 등을) 모
　　집하다

招投标 zhāotóubiāo 동 입찰하다, 응찰
　　하다

照样 zhàoyàng 동 그대로 하다

照耀 zhàoyào 동 밝게 비추다, 환하게 비
　　추다

照应 zhàoyìng 동 호응하다, 호흡을 맞추다

沼泽 zhǎozé 명 소택, 소택지

诈骗 zhàpiàn 동 속이다, 사취하다

扎实 zhāshi 형 튼튼하다, 확고하다

折 zhé 동 꺾다, 끊다, 자르다, 부러뜨리다

遮挡 zhēdǎng 동 막다, 가리다

折磨 zhémó 동 고통스럽게 하다

阵地 zhèndì 명 진지, 일선

镇定 zhèndìng 형 침착하다, 차분하다

振奋 zhènfèn 형 분기하다, 분발하다

正当 zhèngdāng 동 마침 …한 시기이다

争端 zhēngduān 명 쟁단, 분쟁의 실마리

整顿 zhěngdùn 동 정비하다, 바로잡다.

争夺 zhēngduó 동 쟁탈하다, 다투다

蒸发 zhēngfā 동 증발하다, 종적이 없이
　　사라지다

征服 zhēngfú 동 정복하다, 마음을 사로
　　잡다

正负 zhèngfù 명 플러스 마이너스, 양전
　　자와 음전자

正规 zhèngguī 형 정규의, 표준의

正经 zhèngjing 형 정직하다

争气 zhēngqì 동 명예를[체면을] 세우다

正气 zhèngqì 명 공명정대한 태도, 바른 기풍

政权 zhèngquán 명 정권

证实 zhèngshí 동 실증하다, 사실을 증명하다

征收 zhēngshōu 동 (세금을) 징수하다

证书 zhèngshū 명 증서, 증명서

珍贵 zhēnguì 형 진귀하다, 귀중하다

争议 zhēngyì 명 동 논쟁(하다)

正义 zhèngyì 명 동 정의(로운)

正月 zhēngyuè 명 정월

挣扎 zhēngzhá 동 발버둥치다, 몸부림치다

郑重 zhèngzhòng 형 정중하다, 점잖고 엄숙하다

症状 zhèngzhuàng 명 증상, 증후

镇静 zhènjìng 형 냉정하다, 침착하다

阵容 zhènróng 명 진용, 라인업

侦探 zhēntàn 동 정탐하다

珍稀 zhēnxī 형 진귀하고 드물다

真相 zhēnxiàng 명 진상, 실상

振兴 zhènxīng 동 진흥시키다

镇压 zhènyā 동 진압하다, 평정하다

真挚 zhēnzhì 형 성실한, 참된, 진실의

珍珠 zhēnzhū 명 진주

斟酌 zhēnzhuó 동 헤아리다, 짐작하다, 고려하다

折腾 zhēteng 동 괴롭히다, 들볶다

枝 zhī 명 (~儿) 가지 양 송이

治安 zhì'ān 명 치안

值班 zhíbān 동 당직을 맡다

指标 zhǐbiāo 명 지표, 수치

直播 zhíbō 동 중계하다

制裁 zhìcái 동 제재하다

支出 zhīchū 명 동 지출(하다)

致辞 zhìcí 동 축사를 하다

指定 zhǐdìng 동 지정하다

制定 zhìdìng 동 제정하다, 작성하다

脂肪 zhīfáng 명 지방

指甲 zhǐjia 명 손[발]톱

知觉 zhījué 명 지각, 감각

智力 zhìlì 명 지력, 지능

治理 zhìlǐ 동 통치하다

指令 zhǐlìng 동 지시하다, 명령하다

滞留 zhìliú 동 …에 머물다[체류하다]

支流 zhīliú 명 비본질적인것, 부차적인 것

致力于 zhìlìyú (어떤 일을 하거나 이루기 위해) 애쓰다

殖民地 zhímíndì 명 식민지

指南针 zhǐnánzhēn 명 지남침, 나침반

职能 zhínéng 명 직능, 직책과 기능

智能 zhìnéng 명 지능

支配 zhīpèi 동 지배하다, 통제하다

志气 zhìqì 명 진취성, 지기, 포부

智商 zhìshāng 똉 지능지수' 의 약칭

致使 zhìshǐ 똠 …를 초래하다

指示 zhǐshì 똉 똠 지시(하다)

指望 zhǐwàng 똉 똠 희망(하다)

职位 zhíwèi 똉 직위

职务 zhíwù 똉 직무

支援 zhīyuán 똠 지원하다

制约 zhìyuē 똠 제약하다

指责 zhǐzé 똠 질책하다, 책망하다

制止 zhìzhǐ 똠 제지하다

忠诚 zhōngchéng 똀 충실하다, 성실하다

终点 zhōngdiǎn 똉 종착점, 종점, 종착지

中断 zhōngduàn 똠 중단하다, 끊다

终究 zhōngjiū 똂 결국, 필경

中立 zhōnglì 똠 중립하다

肿瘤 zhǒngliú 똉 [의학] 종양

中年 zhōngnián 똉 중년

终年 zhōngnián 똉 일년간, 일년 내내

终身 zhōngshēn 똉 일생, 평생, 종신

忠实 zhōngshí 똀 충직하고 성실하다

中心 zhōngxīn 똉 중심, 핵심

重心 zhòngxīn 똉 중심, 무게 중심

中央 zhōngyāng 똉 중앙

终止 zhōngzhǐ 똠 마치다, 정지하다

种子 zhǒngzi 똉 종자, 열매, 씨앗

种族 zhǒngzú 똉 종족, 인종

舟 zhōu 똉 배

粥 zhōu 똉 죽

周边 zhōubiān 똉 주변, 주위

周密 zhōumì 똀 주밀하다, 주도면밀하다

周年 zhōunián 똉 주년

周期 zhōuqī 똉 주기

皱纹 zhòuwén 똉 주름(살)

昼夜 zhòuyè 똉 낮과 밤

周折 zhōuzhé 똉 곡절

周转 zhōuzhuǎn 똠 돌리다, 융통하다

拄 zhǔ 똠 (지팡이로) 몸을 지탱하다

株 zhū 똄 그루

拽 zhuài 똠 잡아당기다[끌다]

专长 zhuāncháng 똉 특기

专程 zhuānchéng 똂 특별히

转达 zhuǎndá 똠 전하다, 전달하다

幢 zhuàng 똄 동, 채[건물을 세는 단위]

装备 zhuāngbèi 똉 똠 장치(하다)

壮观 zhuàngguān 똀 경관이 훌륭하고 장대하다

壮丽 zhuànglì 똀 장렬하다

壮烈 zhuàngliè 똀 장렬하다

装卸 zhuāngxiè 똠 조립하고 해체하다

庄严 zhuāngyán 똀 장중하고 엄숙하다

庄重 zhuāngzhòng 똀 장중하다

传记 zhuànjì 똉 전기

专科 zhuānkē 똉 전문 과목

专利 zhuānlì 똉 특허, 특허권

转让 zhuǎnràng 동 (재물이나 권리를) 양
　　　도하다

专题 zhuāntí 명 특정한 제목, 전문적인
　　　테마

砖瓦 zhuānwǎ 명 벽돌과 기와

转移 zhuǎnyí 동 (방향이나 위치를) 전이하다

转折 zhuǎnzhé 동 (사물의 발전 추세의)
　　　방향이 바뀌다

主办 zhǔbàn 동 주최하다

主导 zhǔdǎo 명 주도

主管 zhǔguǎn 동 주관하다, 주무하다

追悼 zhuīdào 동 (죽은 자를) 추모하다

追究 zhuījiū 동 (원인·연유를) 추궁하다

助理 zhùlǐ 명 보좌관, 비서

主流 zhǔliú 명 주류

逐年 zhúnián 부 한 해 한 해

准则 zhǔnzé 명 준칙, 규범

琢磨 zhuómo 동 생각하다

着手 zhuóshǒu 동 착수하다, 시작하다

着想 zhuóxiǎng 동 (어떤 사람을 위해서)
　　　생각하다

卓越 zhuóyuè 형 탁월하다, 출중하다

着重 zhuózhòng 동 강조하다

主权 zhǔquán 명 주권

注射 zhùshè 동 주사하다

注视 zhùshì 동 (면밀하게) 주시하다

注释 zhùshì 명 동 주석(하다)

助手 zhùshǒu 명 조수

主题 zhǔtí 명 주제

诸位 zhūwèi 대 제위, 여러분

铸造 zhùzào 동 주조하다

驻扎 zhùzhā 동 (부대나 근무 인원이 어
　　　떤 곳에) 주둔하다

住宅 zhùzhái 명 주택

注重 zhùzhòng 동 중시하다

著作 zhùzuò 명 저서, 저작, 작품

自卑 zìbēi 형 스스로 열등하다

资本 zīběn 명 [경제] 자본, 자금

资产 zīchǎn 명 재산, 산업, 자산

子弹 zǐdàn 명 총알

自发 zìfā 형 자발적인, 무의식적인

自满 zìmǎn 형 자만하다

字母 zìmǔ 명 [언어학] 자모, 알파벳

资深 zīshēn 형 경력이 오랜

姿态 zītài 명 자태, 모습, 자세

滋味 zīwèi 명 맛, 속마음, 기분

资助 zīzhù 동 (재물로) 돕다

自主 zìzhǔ 동 자주적이다

总和 zǒnghé 명 총계, 총수

踪迹 zōngjì 명 종적, 행적, (발)자취

棕色 zōngsè 명 갈색, 다갈색

宗旨 zōngzhǐ 명 종지, 주지(主旨)

揍 zòu 동 (사람을) 때리다, 치다

走廊 zǒuláng 명 복도, 회랑

走漏 zǒulòu 동 (정보를) 누설하다

走私 zǒusī 동 밀수하다

阻碍 zǔ'ài 동 (진행하지 못하도록) 가로막다

钻石 zuànshí 명 보석

钻研 zuānyán 동 깊이 연구[탐구]하다

祖父 zǔfù 명 조부, 할아버지

嘴唇 zuǐchún 명 입술

阻拦 zǔlán 동 저지하다, 방해하다

租赁 zūlìn 동 임대또는 임차하다

阻挠 zǔnáo 동 가로막다, 방해하다

遵循 zūnxún 동 따르다

尊严 zūnyán 명 존엄

作弊 zuòbì 동 부정 행위를 하다

做东 zuòdōng 동 한턱 내다

作废 zuòfèi 동 폐기하다

作风 zuòfēng 명 (사상·일·생활 등의 일관된) 태도

作息 zuòxī 동 일하고 휴식하다

座右铭 zuòyòumíng 명 좌우명

做主 zuòzhǔ 동 책임지고 결정하다

足以 zúyǐ 부 충분히 …할 수 있다,